도시재생과 마을만들기 독본 ❶

고령자와 마을만들기 연구회 편저 **장준호 소명식** 역

고령자를 위한 도시재생과 마을만들기

더불어 살아가는!
마을에서 생활과 보람을

도서출판 구미서관

風土社

역자서문1

본서는 [도시재생과 마을만들기 독본 1권, 2권, 3권, 4권]을 완역한 것으로 일본 국토교통성 관련 부국과(部局課) 및 사계의 저명 교수 그리고 지방정부와 시민사회 단체 등이 공동집필한 것이다.

우리나라는 1980년 및 1990년의 개발연대를 종식하고 2000년대 들어 바야흐로 전면 철거재개발에서 도시정비 사업으로 그리고 주민참여형 도시재생과 마을만들기 사업으로 패러다임이 전환되고 있다.

또한 성장형 사회에서 성숙형 도시문화로 이행되고 있는 즈음에 우리보다 앞선 경험을 한 이웃나라의 도시재생과 마을만들기 방법론을 학습 및 탐구하는 것은 상당한 의의가 있다고 확신하였다. 아울러, 최근의 젠트리피케이션(둥지 내몰림) 현상으로 기존의 장소자산 및 공동체 문화가 파괴되는 현실을 목도하면서 새로운 대안설정에 일조하리라 판단하여 2년여의 결코 짧지 않은 기간에 걸쳐 작업을 수행하였다.

먼저 본서의 전4권의 내용을 간단히 소개하면 다음과 같다. 제1권 〈고령자를 위한 도시재생과 마을만들기〉에서는 고령자와 모두가 살고 싶은 마을만들기를 위하여 도로 및 교통수단과 시스템, 공원정책, 고령자를 위한 건축물 그리고 외출에 편리한 정보시스템 등으로 나누어 소개하고 있는데 「고령자와 마을만들기 연구회」 대표인 소노다 마리코 씨는 결코 고령자만을 위한 마을만들기가 아니라 마을의 고령자와 더불어 장애를 가진 사람, 어린이와 임산부, 환자들을 비롯하여 우리들 마을 전체 구성원의 살기 좋은 마을만들기를 지향해야 한다고 이 책을 만든 목적을 기술하고 있다.

제2권 〈어린이를 위한 도시재생과 마을만들기〉의 내용 중에는 "우리 집 근처에는 보물이 가득합니다. 그것을 주머니에 넣어서 가져옵니다. 저 뿐만이 아니라 모두의 주머니 속에도 꿈과 보물이 있을 거라고 생각합니다."라고 초등학교 4년생 여자아이가 발표한 글을 소개한 내용이 있다. 건축과 도시계획의 원론적 지식만으로는 4차원적인 도시를 만들 수 없다. 아이들의 상상력과 지역 예술가들의 창작력이 더해져야만 개성 있는 마을을 만들 수 있고, 마을 축제와 "마을사업"으로 발전시켜야 주민주도의 지속가능한 마을만들기가 가능하다고 생각한다.

제3권 〈NPO를 위한 도시재생과 마을만들기〉에서는 전국에 있는 일본의 마을만들기 NPO 단체, 마을만들기 NPO를 지원하는 조직과 시스템 그리고 마을만들기 NPO의 미래가 소개되어 있다. 그리고 자료편에는 전국 마을만들기 NPO 참고문헌 리스트와 관련 중요용어 등의 해설도 하고 있다. 이 책의 국내 및 다양한 해외사례에서 보듯이 마을만들기 NPO 단체와 지자체, 의회, 그리고 마을 주민들의 체계적이고 조직적인 공조가 함께 이루어져야 좋은 마을, 지속가능한 도시를 만들 수 있다고 판단한다.

제4권 〈환경 친화적 도시재생과 마을만들기〉는 모두 8파트의 항목으로 나뉘어 있는데 환경문제와 우리의 일상생활, 환경 친화적인 에너지절약형 건축의 소개, 에너지문제와 자연자원 활용 및 재활용 그리고 역시 국내 및 각종 해외사례들을 통하여 환경공생 마을만들기의 새로운 방법론을 제안하고 있다.

신정부가 들어서 도시재생 뉴딜사업을 기존의 종적 상의하달 방식이 아닌 수평적 거버넌스 체계를 구축하여 폭 넓은 주민의 참여를 유도하여 '터(장소)의 무늬(특성)'가 있는 즉 종래의 '터 무늬 없던' 도시 및 마을재생 방식을 타파하여 창조적인 사업으로 전환하는데 본서가 다소나마 보탬이 된다면 기쁘기 그지없다.

끝으로 본서를 마무리하는데 있어 안양대학교 마을만들기 연구센터의 석사 및 박사과정 학생들과 출판을 쾌히 허락해 주신 풍토사(風土社) 그리고 구미서관 관계자 분께 심심한 사의를 표하는 바이다.

2018년 늦가을 수리서재에서

장 준 호

역자서문2

이상향의 도시와 마을을 꿈꾸며

인간은 사회적인 동물이라는 것을 모두가 기정사실로 인정하고, 우리가 함께 살아가는 공동체의 대표적인 공간적인 범주가 마을과 도시라고 한다면 우리가 지향하고 꿈꾸는 마을과 도시는 어디에 있는 것일까? 어딘가에 있는 것이 아니라면 어떻게 만들어야 하는 것일까?

서양적 관점에서 이상향인 '유토피아'란 단어는 영국 소설가 토마스 모어(T. More)가 그리스어의 「없는(ou) + 장소(toppos) → u + topia」라는 두 말을 결합하여 만든 용어로서 '아무 곳에도 없는 장소'라는 의미이며 1916년 발표한 자신의 라틴어 소설의 제목으로 사용하였는데 저자가 '히스로디'라는 선원으로부터 들은 이상한 나라 유토피아의 제도, 풍속 등을 기록하여 이상사회를 묘사한 작품이다. 소설의 기반은 당시의 유럽, 특히 영국의 상황을 비판하고 있으며, 종교적 관용, 평화주의, 남녀교육의 평등 등의 내용이 스며들어 있었다. 이 소설의 영향으로 '유토피아'라는 용어는 '이상향(理想鄕)의 나라'라는 뜻도 갖게 되었다고 한다.

동양적 관점에서 보자면 지식백과에 다음과 같이 서술하고 있다. [동아시아 한자 문화권에서는 도연명(陶淵明)의 『도화원기(桃花源記)』의 '무릉도원(武陵桃源)'이나 『장자(莊子)』의 「응제왕(應帝王)」에 나오는 '무하유지향(無何有之鄕)'을 유토피아의 시초로 간주하고 있다. 우리나라에서는 허균의 소설 『홍길동전』에 나오는 율도국(栗島國), 설화(說話)에 나오는 청학동 등을 통하여 유토피아를 그려본 적이 있으며 일본에서는 안도 쇼에키(安藤昌益)가 봉건제도를 폐지하고 일하는 농민의 공산주의적 유토피아를 몽상했다고 하지만, 자본주의의 모순 속에서 파생한 유럽의 유토피아 사상과는 차별점을 가진다]라고 말이다. 사실 조금 더 생각해 본다면 '이상향'이란 '무릉도원' 같은 물리적인 풍경의 조건보다는 결국 상호간의 평등하고 우호적인 관계가 이상적이어야 '이상향'이라는 것을 우리는 안다.

우리는 동서양 또는 개인들마다의 기준은 약간씩 다르지만 누구나 이상향을 꿈꾸며 살고 있다. 하지만 지구상 어느 곳이든 은밀하게 숨어있는, 감추어져 있는 장소로서의 이상향은 없다고 봐야 할 것이다. 사실 장소로서의 이상향은 지구라는 별로써 충분하다고 본다. 그렇다면 이상향의 도시는 찾아내는 것이 아니라 우리가 만들어 가야만 할 과제이며 과정일 것이다.

그렇다면 도대체 어느 형태가 이상향의 사회구조인 것인가? 이제 학자들은 '아메리칸 드림' 보다는 '유러피안 드림' 을 현대사회 이상향의 대안으로 이야기하기 시작했다. 물론 쉽게 판단할 사안은 아니지만 한국 현대건축의 담론을 지배하여 온 유럽과 미국의 롤 모델적인 가치들이 우리에게 있어서는 우선적인 잣대임에는 부인할 수 없다. '아메리칸 드림' 이 빈곤과 불평등을 벗어날 수 있는 탈출구로 여겨왔던 우리에게는 근현대사의 역사적인 배경 속에 우호적인 감성으로 둘러지며 선망되어 왔지만 최근까지의 결과로 보면 개인능력에 의한 과도한 자유경제이론의 신봉과 부의 축적이 우선시되어 오히려 빈부의 격차와 불평등이 심화된 '아메리칸 드림' 을 의심케 하고 있다.

'유러피안 드림' 의 저자 제레미 리프킨은 그의 책에서 "개인의 자유와 능력보다는 공동체의 관계와 집단지성의 가치를, 국익을 위한 단결과 동화보다는 다민족간의 문화 다양성을, 돈의 가치 보다 삶의 질을 지향하는, 무차별적인 개발보다는 환경보호를 우선하는 공생적인 개발을---" 언급하고 있다. 나름 정리하자면 자본주의 사회와 사회주의 사회를 절충하여, 사회복지와 공동의 유대를 개인만의 부의 축적보다 우선시하는 사회를 추구하는 것에 더 높은 가치매김으로 평가하고 있는 것이라고 여겨진다. 사람들의 삶에 이제 새로운 행복가치 패러다임의 변화가 감지되고 있다. 거기에 인생의 무상함을 깨달을 줄 알고 자기를 버리고 남을 사랑하는 수행의 미덕과, 서로의 종교를 존중하고 함께하는 행복을 추구할 줄 아는 동양적 가치가 그윽하게 함유된 '아시안 드림' 을 더한다면 내가, 우리가 사는 이곳에서 만드는 한국적인 공동체의 마을과 도시가 '유러피안 드림' 을 능가하는 우리가 꿈꾸는 '이상향의 도시' 로도 가능하지 않을까 한다.

사람들의 삶에 이제 새로운 행복가치 패러다임의 변화가 감지되고 있다. 거기에 인생의 무상함을 깨달을 줄 알고 자기를 버리고 남을 사랑하는 수행의 미덕과, 서로의 종교를 존중하고 함께하는 행복을 추구할 줄 아는 동양적 가치가 그윽하게 함유된 '아시안 드림'을 더한다면 내가, 우리가 사는 이곳에서 만드는 한국적인 공동체의 마을과 도시가 '유러피안 드림'을 능가하는 우리가 꿈꾸는 '이상향의 도시'로도 가능하지 않을까 한다.

* * * * * *

최근, 우리의 마을만들기 정책도 정부가 바뀌면서 마을만들기, 도시재생, 도시재생 뉴딜 등으로 이름이 바뀌어 진행되고 있으며 이제야 겨우 서울시와 의식있는 지자체장이 당선된 일부 지자체에서부터 주민주도의 마을도시재생이 제대로 발동이 걸리는 분위기이다. 즈음하여 2000년대 초반, 일본 큐슈대학에서 공부할 때 일본의 지방자치와 마을 만들기에 관심을 갖게 되어 자료를 찾던 중에 그 당시 일본 건설성 도시정책과 및 시가지 건축과가 4개 분야의 마을만들기 연구소와 협력, 일본 전역의 실제사례를 정리하여 실전에 활용할 수 있도록 만들어 놓은 마을만들기의 시리즈(전 4권)를 발견하여 구입하였다. 그 내용이 현재 한국에서 진행 중인 주민주도 마을 · 도시재생정책에도 좋은 참고가 될 수 있다고 판단되었고, 마침 안양대학교 마을만들기 연구센터를 운영하는 장준호 교수님과 의기투합하게 되어 2년여에 걸친 노력으로 늦게나마 이 책을 소개하게 되었으니 이 책의 출판과 번역에 도움을 주신 분들께 진심으로 감사드리며, 일본을 오가며 노력해준 공동역자인 장준호 교수님에게 특별히 감사의 마음을 전하는 바이다. 끝으로 도시와 마을재생에 관심 있는 학생들과 마을리더들, 그리고 지자체의 용기 있는 담당 공무원들과 NPO 단체 모든 사람들에게 이 책이 현장에서 마을 주민들이 함께 만드는 도시와 마을재생에 많은 도움이 되었으면 하는 바람이다.

2018년 늦은 가을 설계사무실에서

소 명 식

▌추천의 말▐

고령자의 마을만들기를 위하여

21세기 초두에 본격적인 고령사회의 도래를 맞이할 것으로 전망되는 우리나라로서는 누구나 삶을 통해 풍부한 생활을 보낼 수 있도록 하는 것이 요구되고 있습니다.

건설성도 생활 복지공간 만들기 대강을 책정하고 도로, 공원, 주택 등을 복지생활 인프라로 자리매김하여, 마을만들기에 있어서 이동 및 이용의 자유와 안전성을 확보하면서 자립할 수 있는 생활을 하도록 적극적인 정비를 실천 · 지원하고 있습니다.

이처럼 사람에게 행복한 마을만들기를 생각하기 위하여 기본적인 관점으로 아래의 4가지 사항이 중요하지 않을까요?

우선 첫째로, 모든 사람들에게 살기 좋은 생활환경을 만드는 「노멀라이제이션」의 개념을 세우는 것. 이 경우 물리적인 장벽의 제거뿐만 아니라 사회참가의 지원, 삶의 보람 창출, 다양한 인적교류 등, 고차원의 가치를 목표로 하는 것.

둘째로, 고령자 등의 신체특성이나 일상 생활상의 특징을 고려해서 이동의 연속성을 확보하고 안전한 이동 네트워크의 정비를 도모하면서 이동환경과 각종시설을 종합적, 일체적으로 정비하는 것. 점에서 선으로, 선에서 면으로 확대해 나가는 것.

셋째로, 고도화, 다양화하는 요구에 대응하고 여유와 매력이 있는 공간 등 보다 부가가치를 높임과 동시에 다양한 선택이 가능한 생활만들기 · 마을만들기를 진행할 것.

넷째로, 일상의 안전 · 안심뿐 아니라 재해시의 안전성의 확보와 불안을 경감시키는 것.

본서에서는 이처럼 인간에게 좋은 마을만들기를 목표로 진행되고 있는 각 지역의 사례들을 소개하고 있습니다. 또 고령자가 스스로 마을만들기의 주역으로서 적극적으로 활동하고 있는 사례들도 함께 볼 수 있습니다. 모두가 하나 되는 마을, 모두가 함께 생활할 수 있는 마을이 되려면 어떻게 실천해 나아가야 하는지 고민한 사례들입니다. 이것은 결코 「고령자대책」이라는 특별한 대책이 아닙니다. 「고령자와 함께하는 마을만들기」는 「우리들의 마을만들기」이고 「당신의 마을만들기」인 것입니다.

이 책을 보시고, 향후 우리의 마을만들기에 참고하셔서 모두가 즐겁게 생활하는 마을을 만드시기를 간절히 바랍니다.

건설성 도시국 도시정책과, 도로국 도로환경과, 주택국 시가지 건축과

▌머리말 ▌

고령자라 하면 어떤 것들이 떠오르나요?

허리가 구부러진, 건망증이 있는, 느릿느릿 걷는 모습 등이 제일 먼저 떠오르는 것은 아닌지요! 하지만 잠시 생각해 봅시다.

아래의 그림은 80년이란 인생의 변화 속에서 남녀의 심신의 변화 과정을 나타낸 것으로 확실히 해를 거듭할수록 운동능력과 신체의 기능은 쇠약해집니다. 그러나 여기에서 주목할 점은 나이가 들어도 지능은 감퇴하지 않고 오히려 20대보다 향상되고 있다는 점입니다. 즉 고령자를 활력이 없는 수동적인 사람이라고 생각하는 것은 잘못된 것이며 오히려 지금까지의 긴 인생에서의 축적된 경험과 기억을 떠올려 활기차게 생활할 수 있는 가능성을 지닌 사람들이라는 것입니다.

21세기는 고령자의 시대라고도 합니다. 물론 여기에는 사회 전체에 고령자가 차지하는 비율이 높아질 것이라는 고령사회의 일면도 있습니다만, 오히려 그보다는 고령자가 사회를 담당하는 중요한 일원으로 다양한 면에서 활약할 것으로 기대됩니다.

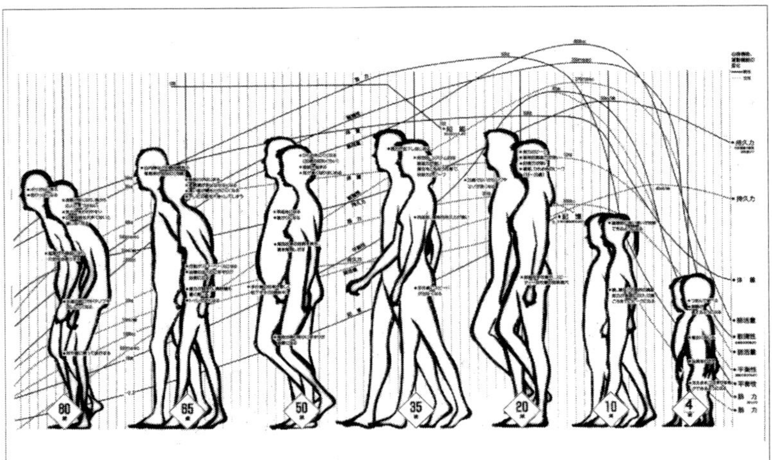

연령에 따른 신체의 변화 자료제공 : 세키스이(積水)하우스 주식회사

한편 고령자가 더욱 활기찬 생활을 할 수 있게 하려면 다소 감퇴하기 쉬운 운동기능과 신체기능 · 체력을 보완하기 위한 방법이 필요합니다. 특히 일상생활 속에서 고령자의 행동을 가로막는 장벽들을 제거하는 것이 중요합니다. 고령자가 안전하고 쾌적하게 또 자유롭게 행동하며 생활 할 수 있는 환경이 주어진다면 마음에 간직했던 활력을 충분히 끌어내어 보람된 노후를 보내게 될 것입니다. 더불어 주변사람들도 이 같이 활력 있는 고령자와 함께 생활한다는 것은 다방면에서 의미 있는 일이 될 것입니다.

본 책이 마을만들기 독본 시리즈 중의 첫 번째 편으로 구성되어 있다는 점으로 볼 때 고령자와 마을만들기를 진행하는 것이 얼마나 중요한 것인지 알 수 있습니다. 생활공간에서 장벽을 제거하기 위한 다양한 시도를 하면서 고령자 스스로가 어떻게 마을만들기에 참여하고 자신들의 가까운 환경을 정비하기 위해 어떤 활약들을 하고 있는지 소개하고 있습니다. 특히 고령자를 전술한 바와 같이 수동적 존재로 파악하는 것이 아니라 미래의 마을을 떠받쳐주는 중요하고 활력 있는 일원으로 파악한다는 점은 눈여겨 보아야 할 부분입니다.

제1장에서는, 먼저 자신들과 가까운 환경이 고령자를 시작으로 다양한 상황에 놓여있는 사람들에게 진정 살기 좋게 되어 있는지를 점검하기 위한 방법을 소개하고 있습니다. 우리들이 사는 마을을 고령자의 시점에서 또는 장애를 가진 사람의 관점으로 돌아보는 것은 앞으로의 생활공간을 정비하는데 있어 중요한 출발점이 됩니다. 부디 스스로 자신들의 마을을 점검하여 보시기 바랍니다.

제2장에서는, 우리 주위의 도로와 공공교통기관, 공원, 공공적인 건축물 등에 대해서 고령자가 보다 안전하고 쾌적하게 이용하기 위해 어떻게 해야 하는지에 대하여 다양하게 사례를 소개하고 있습니다. 마을 곳곳에서 전개되는 독특한 사례들을 참고로 하여 미래의 마을만들기에 대해 생각해보시기 바랍니다.

제3장에서는, 가장 우리 신변에 가까이 있는 주거를 소개하고 있습니다. 말할 것도 없이 고령기의 생활중심은 주거입니다. 주거환경이 정비되어 있지 않으면 생활 그 자체가 의미가 없는 것과 같다고 말해도 과언이 아니겠지요.

마지막 4장에서는, 이 같이 다양하게 연구되고 있는 마을에서 활기차게 생활하며 마을만들기에 적극적으로 참여하고 있는 고령자들의 다양한 활동 모습을 소개하고 있습니다. 직접 나서서 마을의 도로와 거리 만들기에 열중하는 사람들, 자신들의 지식을 살려 마을문화의 계승이나 마을의 안내자로 활약하고 있는 사람들, 젊은 세대와도 협력하면서 주위의 생활환경을 정비하려는 시도 등, 전국 각지에서 다양한 활동이 전개되고 있습니다. 당신의 마을에서도 고령자가 지닌 능력을 끌어내어 모두가 협력해 나가면서 더 나은 마을을 위해 힘 써보는 것은 어떨까요?

「고령자를 위한 도시재생과 마을만들기」는 결코 고령자만을 위한 마을을 만들려고 하는 것이 아닙니다. 고령자와 장애를 가진 사람, 어린이와 임산부를 비롯해 모두가 살기 좋은 마을만들기 즉「우리들의 마을만들기」를 지향하는 것입니다. 아무쪼록 다시 한 번 우리들의 마을을 여러 관점에서 돌이켜보아 정말로 살기 좋은 마을의 참모습을 생각해 보면 어떠신가요?

이 책에서는 다양한 사람들이 가볍게 읽어보고 주위 생활환경의 진정한 모습을 되돌아보는데 일조할 수 있도록 표현 등도 간략하게 하였습니다. 또한 가능한 한 쉽게 알 수 있도록 글자 등도 크게 했습니다. 어떻습니까?

그리고 이 책에서는 가급적 전국 각지의 선진적인 활동 사례들을 싣기 위해 노력하였습니다. 각 지역의 마을만들기와 연계된 많은 자료제공과 수집 및 협력에 도움을 주신 여러분들께 이 자리를 빌려서 깊은 감사의 뜻을 전합니다. 또 몇몇 분들께서는 직접 친필로 도움을 주셨습니다. 다시 한 번 감사드립니다.

이 책의 편찬과 집필에는 「고령자와 마을만들기 연구회」라고 하는, 평소에 어떤 형태로든 마을만들기나 생활 만들기에 도움을 주고 있는 멤버들이 함께 해주셨습니다. 이 작업을 통해서 본인들이 평소 하던 일의 본연의 가치를 되돌아보는 기회가 되었다고 생각합니다.

저희들도 고령자를 위한 마을만들기를 하는 것이 아니라, 한편으로는 우리 자신들의 마을만들기도 중요하다는 것을 통감하고 있습니다. 부디 이 책이 다양한 사람들에게 자신의 마을을 바꾸게 되는 계기가 된다면 정말로 기쁘겠습니다.

고령자와 마을만들기 연구회
대표 소노다 마리코 (園田 真理子)

차 례

첨 부 / 241

I. 마을을 점검하다

❶ 우선 고령자가 되어보자

❷ 다함께 마을을 점검해 본다

❸ 마을의 점검 사례

Ⅰ. 마을을 점검하다

고령자의 행동범위는 좁다. 고령기가 되면 일을 그만두게 되므로 취업 · 취직해 있었던 기간처럼 행동범위가 넓은 이동을 하지 않게 된다. 또한 신체조건의 변화로 인해 나이를 먹을수록 고령자의 주된 이동수단은 도보가 된다. 이런 점으로 볼 때 고령자는 매일 대부분의 생활을 주거지를 중심으로 하게 된다. 다시 말하면 살기 좋은 마을인지 아닌지는 고령자의 생활의 질과 직결된다.

그러나 모터리제이션(자동차 대중화)의 진전은 마을을 광역적인 것으로 만들고 있다. 휴일에 차를 타고 쇼핑센터로 가서 한 번에 대량으로 사놓는 방식이 아무리 편하다고는 하지만 고령자에게 적절한 것인가에 대해서 생각해 볼 필요가 있다. 고령의 운전자들이 최근에 계속 증가하고 있는데 사고를 일으킬 확률은 자칫 높아지기 마련이다.

이런 점으로 보아 고령기가 될수록 기본적인 생활은 보행권만으로 해결할 수 있도록 컴팩트한 도시가 요구되어지고 있다. 고령자를 돌보아야하는 입장에서도 그리고 서비스를 효율적으로 제공하기 위해서는 마을의 규모가 너무 크다면 곤란해질 것이다.

따라서 고령자의 비율이 상대적으로 증가하는 앞으로의 사회를 대비하기 위해서는 마을만들기를 할 때 고령자에게 맞추어야 할 필요가 있다. 고령자가 보행하기 쉽게 되어 있는지, 마을 안에 장애물로 인해 고령자의 행동 범위가 좁아지게 되는 일은 없는지, 물리적으로 배리어(장애물)가 많으면 밖에 나가고 싶은 마음도 사라져버리기 때문에 다시 한 번 모두가 마을을 점검해보고 문제점에 대해 생각해 볼 필요가 있지 않을까?

고령자의 시점으로 마을을 점검해보고 정든 나의 마을에서 또 다른 새로운 마을을 발견해 보자.

자, 그럼 점검을 시작해보자.

1 우선 고령자가 되어보자

나이가 든다는 것은 어떤 것일까요?
나이가 들면 생기는 일반적인 변화로는 시력, 청력, 보행 능력, 주의력 등 기능의 저하라 할 수 있습니다. 쇠퇴의 정도는 개인에 따라 다르지만 특징적인 경향은 다음과 같다고 할 수 있습니다.

운동기능

고령자는 나이가 들수록 다리가 쇠약해져서 보폭이 좁아지고, 다리를 올리는 힘이 약해져서 작은 턱에도 걸려 넘어지거나 골절되기 쉽습니다. 그리고 교통사고 등의 위험성도 높아집니다.

보행이 어려워지면 신체의 안정을 유지하기 힘들고, 서 있는 상태에서 쭈그리거나 앉은 상태에서 일어설 때 큰 부담을 느낍니다.

● 연령별 교통사고 사망자수 추이

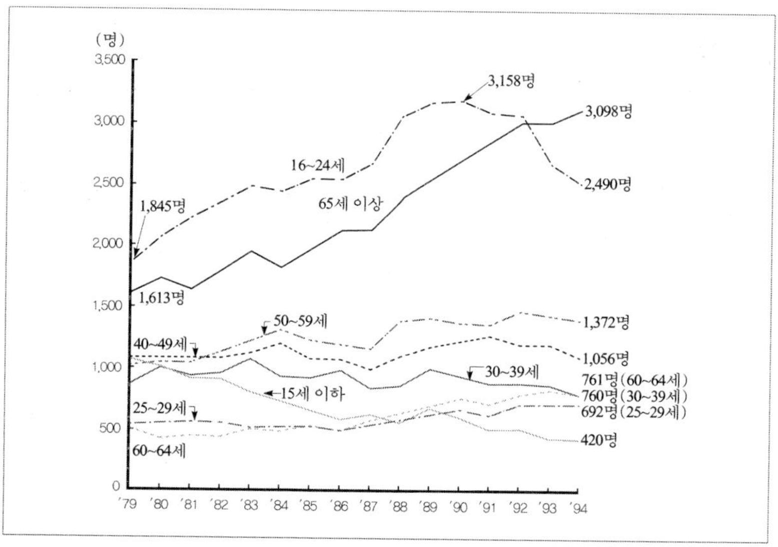

사진자료 : 「교통안전백서 1995년 판」 총무청 편, 대장성 인쇄국 발행

시력

50세에는 약 60%, 70세에는 약 80%가 시력이 흐려져서 노란색은 흰색이나 회색으로 보이며, 파랑색과 검정색의 분간이 힘들어집니다.

● **고령자의 눈을 통해 본 색**

	본래의 색	고령자에게 보이는 색	유의점
지하철노선 안내표시	옅은 남색 · 옥색	스모크 블루	노선 그림에 초록 · 파랑은 검은 바탕일 경우 거의 보이지 않게 된다
마을의 안내판	푸른색	네이비 블루	흰색은 노랑으로 변화, 푸른색은 검정색이 되고 주변과 같은 색으로 되어 구별하기 어렵다
단차 경사로	베이지 그레이	울금 (진노랑)색	음영이 확실하지 않은 단차 · 경사로를 위에서 봤을 때 초록이 확실치 않다
실내바닥의 입구	밤색 (걸레받이)	가지색	중간 벽면이 높아지면 느낌이 어두워진다

출처 : 요시다 아코 · 하시모토 아키히코 1989년 일본건축학회 대회논문(『좋은 마을의 공간학』 건설성 감수 · 마을만들기 연구회 편집 케이븐 출판에서)

청력

고령기에는 높은 소리, 작은 소리를 구별하는 능력이 감소된다.

● 고령화로 인한 청력의 감퇴

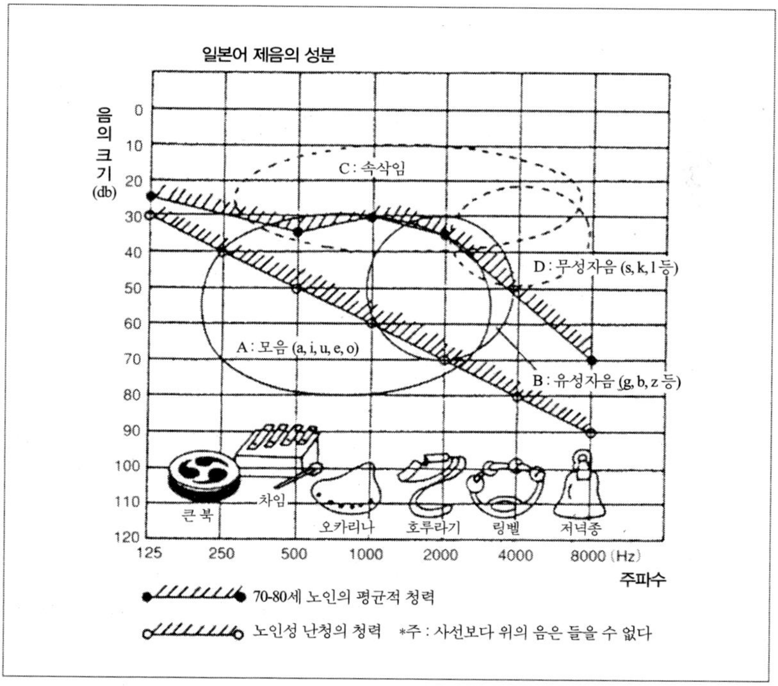

출처 : 「마을만들기에 대한 의식 개혁」 요시다 아코 저(『좋은 마을의 공간학』 건설성 감수 · 마을만들기 연구회 편집 케이븐 출판에서)

고령자 의사체험(疑似體驗)을 해보자

고령자의 신체기능의 저하를 여러 장비를 이용해 체험해봄으로써 고령자를 이해하고 마을만들기 등 여러 분야에서 도움이 되자는 뜻으로 「고령자 의사체험」의 시도가 퍼져가고 있습니다. 고령자 의사체험의 보급으로는 사단법인 장수사회문화협회와 일본 웰에이징(well aging)협회 등의 단체가 수고했습니다. 여기에서는 사단법인 장수사회 문화협회의 "고령자 의사체험 「우라시마타로」"[*1]를 이용해서 「고령자」를 체험해봅시다.

체험의 목소리

걷거나 계단을 오르고 내려가 본다.

「몸 전체가 무겁고 무릎이 접히지 않아서 경직된 느낌이다. 발목부터 발끝까지 고정되어 있어 약간의 계단을 오르는 데에도 발끝이 걸려 넘어질 뻔했다.」

「계단을 오를 때 발을 드는 것도 힘들지만 무릎이 접히지 않는 상태로 계단을 내려가야 하는 것이 무서웠다. 헛디뎌서 넘어지는 건 아닌지 걱정이 되어 난간을 붙잡고 천천히 내려왔다.」

화장실을 사용해본다.

「화장실이 어디인지 찾아 보았더니, 안경을 쓰고 있으니 안내판의 글자가 작게 보여 잘 보이지 않았고 회색바탕의 파란 남성화장실의 싸인은 거의 보이지 않았다.」

「재래식 화장실에 쭈그리고 앉기도 힘들지만 일단 앉았다가 다시 일어날 때가 또 한 번 고비이다. 손잡이가 없으면 일어서기 힘들다. 양식 화장실이 더 편했다.」

자동판매기에서 주스를 뽑아본다.

「장갑과 붕대로 고정된 손은 지갑에서 동전을 고르고 넣는 것부터 시간이 많이 걸렸다.」

「동전을 넣고 구부리고 앉아서 캔을 꺼내는데 또 시간이 걸렸다. 겨우 꺼낸 주스도 쇠붙이에 손가락이 들어가지 않아 바로 딸 수 없었다.」

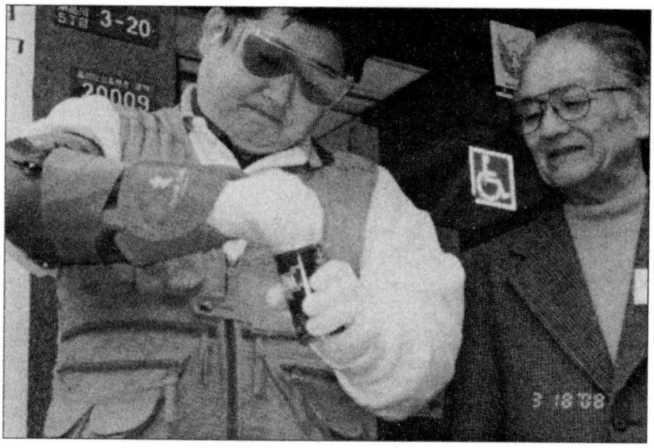

– 고령자 의사체험 「우라시마타로」

● 신체의 움직임

하중조끼를 착용한다

체험자의 체중에 맞게 추를 넣은 조끼를 착용하고 노화에 따른 구부정한 자세를 재현해 봅니다.

팔꿈치 보호대

관절이 고정되도록 손목에 무게 주머니를 장착하고 근력 저하로 인한 팔꿈치 관절의 힘겨운 움직임을 재현해 봅니다.
손가락의 촉각, 압각(壓覺), 온각(溫覺) 등의 저하에 의해 물건을 잡기가 어렵고 떨어뜨리기 쉬운 상태를 재현해 봅니다.

장갑
손가락의 촉각, 압각(壓覺), 온각(溫覺) 등의 저하에 의해 물건을 잡기가 어렵고 떨어뜨리기 쉬운 상태를 재현해 봅니다.

무릎 보호대
무릎을 보호하고 발목에 추를 달아서 근력의 저하에 따라 무릎관절이 움직이기 힘든 상태를 재현해 봅니다.

신발모양 보호대
발목관절을 절반 고정 함으로써 걸을 때 발가락이 올라가지 않고 발이 걸려 넘어지기 쉬운 상태를 재현해 봅니다.

● 시각

특수 안경을 쓴다.
노화로 인해 생기는 백내장에 의한 색의 변화와 뿌옇게 보이는 상태와 시야의 협소함을 재현해 봅니다.

● 청각

귀마개를 한다.
고음역이 듣기 거북한 귀마개를 함으로써 노인성 난청 특유의 듣기 거북함을 재현해 봅니다.

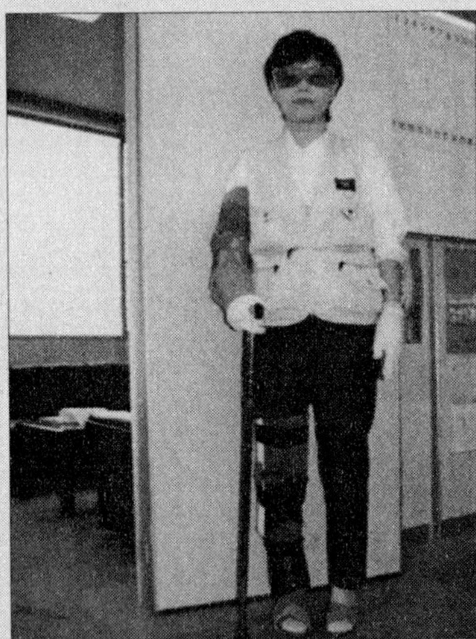
사진제공 : 사단법인 장수사회문화협회

[*1] **고령자 의사체험「우라시마타로」**

고령(75~80세 정도)이 되었을 때 신체적인 기능의 저하와 심리적인 변화를 몸소 체험해보는 프로그램으로 (사)장수사회문화협회가 개발한 것입니다.

인터뷰

" 고령자 의사체험으로 다양한 것들이 보인다 "

사단법인 장수사회문화협회(WAC)
사무국 차장 켄쇼 슈키치

고령자 의사체험 후에는 반드시 감상문을 쓰도록 하는데 체험자의 99%는 「눈에서 비늘같은 것이 떨어졌다」 「고령자를 이해할 수 있게 되었다」라는 평이 많습니다. 책을 읽고 머리로 이해했던 것과는 달리 의사체험을 한 후로는 다른 일을 할 때에도 「이런 상황에 내가 만약 고령자라면…」이라는 생각을 하게 됩니다. 체험을 해봄으로써 일상생활에서 생기는 불편함을 알 수 있게 됩니다. 최근에는 고령자 의사체험을 진행하면서 마을을 점검 해보는 마을만들기 이벤트가 많이 진행되고 있는데 점검 결과에 대한 대응책은 좀처럼 나오지 않습니다. 예를 들어 지하철 이용 시의 불편함. 즉, 교통안전에 대한 관점부터 고령자를 위한 대책 부분까지 생각해 볼 필요가 있습니다. 운전면허 취득 직후에 고령자 의사체험을 진행하여 운전자가 고령자를 이해할 수 있게 하는 기회를 제공할 수는 없는지, 등도 고려해봐야 합니다.

2 다함께 마을을 점검해 본다

평소에는 아무 생각 없이 걷는 길이지만 무거운 짐을 들고 가거나 다치거나 한 상황이라면 길을 걷는 것이 얼마나 힘든 일인지 새삼 느끼게 됩니다.
고령자나 장애가 있는 사람들뿐만이 아니라 아이를 데리고 다니는 주부들이나 임산부 등 평소 마을 안에서 불편을 느끼고 있는 사람은 많을 것입니다. 누구나 즐겁게 자립된 생활을 하기 위해서는 안심하고 안전하게 이동할 수 있는 환경을 제공하는 것이 중요합니다. 이용자의 입장에서 마을 안을 점검해 봅시다.

1) 점검의 목표를 생각한다.

마을 안을 점검하는 활동 타입으로는 크게 2가지가 있습니다.

당신이 마을을 점검하려는 목적이 체험이나 장애인들과의 교류입니까? 혹은 문제점의 개선을 위한 것입니까?

▲ 눈가리개를 해 본다

● 체험타입

시니어 시뮬레이터(연장자 체험 장치)를 사용하여 고령자가 되어보고, 휠체어에 타고 다리가 불편한 사람의 입장이 되어보거나 눈가리개를 하고 눈이 불편한 사람의 입장이 되어봅니다. 건강한 사람이 고령자와 장애인의 입장을 체험하면서 마을 속의 다양한 난관들을 알아보고, 그 문제점에 대해 생각해봄으로써

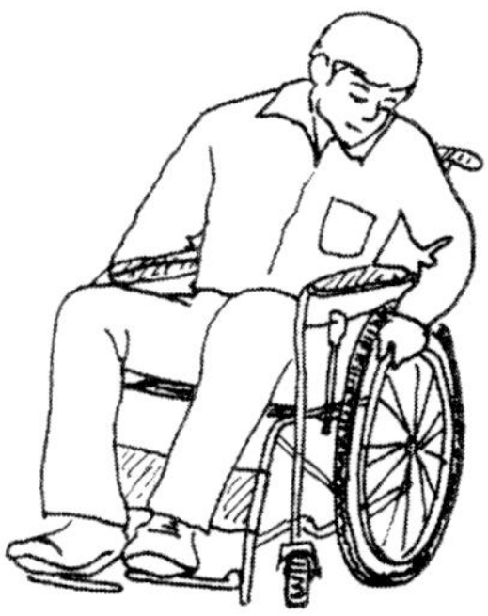
▲ 휠체어에 타 본다

서로에 대한 이해를 돈독하게 합니다.

● 체험 + 제안 타입

고령자와 장애인의 입장에서 점검해보고 마을 안의 문제점에 대해서 어떻게 개선해 나가면 좋을지 생각한 후 개선안을 제안합니다.

다음으로 누구를 위해서 점검하면 좋을지 생각해봅니다.

① 고령자의 입장에서 생각한다

② 장애인의 입장에서 생각한다

③ 아이를 데리고 있는 부모의 입장에서 생각한다 등.

입장이 다르면 문제점도 조금씩 다릅니다. 현실적으로 모든 사람들이 만족할 수 있는 환경을 만드는 것은 어렵습니다. 그래서 더욱 어떤 것이 문제인지 이해하는 노력이 중요합니다.

2) 점검 코스를 선택 한다

점검의 목표가 정해지면 코스를 고릅니다. 일반적으로 다음과 같은 코스를 생각해 볼 수 있습니다.

① 역전이나 상점가 등 불특정 다수의 사람이 일상적으로 이용하는 길이나 지역

② 고령자나 장애인들이 자주 사용하는 시설이 모여 있는 지역

③ 역 및 버스나 전철과 같은 교통기관에 따른 이동을 포함한 코스

④ 공원이나 커뮤니티시설 등 고령자나 장애인들을 포함한 불특정 다수의 사람이 이용하고 있는 시설 등.

또한, 구체적으로「장을 보러간다」,「의료시설에 간다」,「미술관에 간다」등과 같은 행동을 상정하여 그곳까지 가는 경로와 시설을 점검해보는 방법도 있습니다. 몸에 무리가 가지 않을 만큼의 거리 · 지역으로 코스를 설정합니다.

3) 점검 마을걷기를 위한 준비를 한다

우선 점검하면서 알게 된 문제점을 계속해서 써 넣을 수 있도록 크게 확대한 백지도(白地圖)를 준비합시다. 카메라가 있으면 더욱 좋겠죠.

① 점검 지도 (확대한 백지도)
② 화판 (받침이 될 수 있는 것)
③ 필기도구 (3색 볼펜이 편리함)
④ 카메라
⑤ 줄자
⑥ 휠체어 · 눈가리개 등.

※ ⑥은 점검의 목표에 맞게 준비합니다. 어린이를 데리고 있다는 가정 하에 유모차를 준비한다거나 다양하게 생각해 주세요.

▼ 목적이나 코스에 대해 대화한다

▼ 마을을 점검한다

▼ 도구를 준비한다

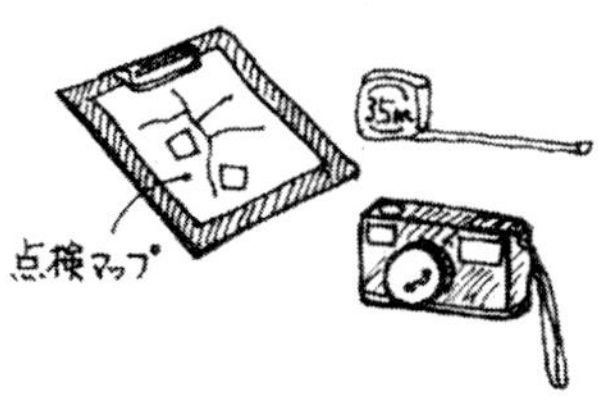

4) 자, 점검 마을걷기 출발!

● 고령자나 장애인들과 함께 점검하자

점검 마을걷기를 할 때에는 고령자나 장애인분들도 점검활동에 참가를 부탁드립니다.

건강한 사람들이 휠체어나 눈가리개를 사용해서 마을 안에 있는 「힘든 일」「불편한 일」을 알아가는 것은 중요한 일입니다. 하지만 현실적으로 고령자 의사(疑似)나 장애인 체험만으로 알 수 없는 문제점도 매우 많습니다. 고령자나 장애인과의 교류를 통해서 여러 가지 배워봅시다. 한편 같이 점검하는 동안 고령자나 장애인분들이 힘들 때, 어떻게 도와주면 좋은지도 자연스럽게 알게 될 것입니다.

● 그룹을 만들어서 점검하자

휠체어로 계단을 오르내릴 때에는 적어도 3명의 어른의 도움이 필요합니다. 눈가리개 착용 시에는 인도하는 사람이 필요합니다. 점검지도에 문제점을 기입하는 사람, 카메라를 이용하여 기록하는 사람 등, 그룹으로 나누어서 점검해 봅시다.

▼ 문제점과 개선책을 생각해 본다

▼ 점검결과를 발표한다

● 좋은 점도 함께 점검하자

이제 출발 합니다. 점검 시에는 문제점만 발견하는 것이 아니라 작은 아이디어로 문제점을 해결하고 있는 예 등, 좋은 사례도 함께 찾아봅시다(후에 개선책을 생각할 때 참고가 됩니다).

또 보행 시에는 주변 환경에도 주목합시다. 「화단이 예뻐서 기분이 좋다」「건물의 벽이나 높은 담장이 이어져 있어 패쇄적인 느낌이 든다」 등 생각나는 것은 무엇이든 점검지도에 써 넣어 봅시다.

5) 점검 결과를 발표한다

모든 그룹의 점검이 끝나면 실제 휠체어나 눈가리개를 체험하면서 알게 된 점, 감상을 서로 발표해 봅니다. 점검지도에 썼던 문제점도 그룹별로 정리하여 모아 둡시다.

사진제공 : 마에바시시

6) 점검에서부터 개선 제안까지 (워크숍)

다음으로 점검에서 한 발 나아가 개선점에 대해 생각해보는 워크숍의 진행방법을 소개합니다.

● 부전(附箋: 포스트잇)에 문제점을 써 넣는다

우선 그룹별로 큰 부전과 점검코스를 확대한 백지도를 준비합니다. 점검지도를 다시 보면서 마을 안의 문제점을 부전에 써 넣고 백지도 안에 각각의 문제발생지를 붙입니다. 부전이라면 붙이거나 떼는 것이 자유로워서 편합니다. 이 때, 문제점 외에 좋은 점들도 같이 적는 방법이 있습니다. 이 경우에 문제점과 좋은 점을 부전의 색깔이나 필기도구의 색을 바꿔 사용하면 알아보기 쉽습니다.

보도의 폭이 좁다!
게다가 가드레일이 있어서
휠체어가 통과할 수 없다.

교차로의 푸른 (보행자)신호
등이 바뀌는 간격이 짧아서
고령자가 건너기 힘들다.

○△계단의 경사가 심하다.
적어도 보조 손잡이 정도는
있는 게 좋겠다.

XX길에는
교통량이 많은데
보도가 없어 위험!

△△버스정류장에는 벤치가 있었다.
가능하면 비가 올 때를 대비해서
위에 지붕이 있으면 좋겠다.

개선안을 생각해 본다

문제점이 명백해지면 그룹별로 어떤 개선책이 좋을지 생각해보고 이야기를 나눕니다. 개선책과 새로운 제안을 정리하는 방법은 다음과 같습니다.

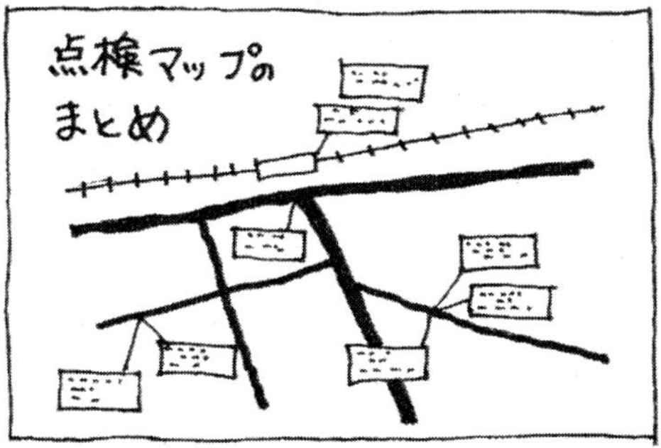

① 지도상에 정리한다

확대한 백지도를 한 장 더 준비해서 구체적으로 문제장소에 대한 개선책을 적어본다.

② 개선안을 그린다

개선안을 그림으로 알아보기 쉽게 표현한다.

③ 유사사례를 찾아본다

개선책에 참고할 만한 좋은 사례를 찾아 사진 등을 이용해서 비주얼하게 정리한다.

개선안을 발표한다

각 그룹별로 개선안을 발표합니다. 그 때 문제점을 해결하기 위해 스스로 할 수 있는 것, 행정적인 지원이 필요한 것 등으로 나누어 정리해 보는 것도 좋겠네요.

모두 수고하셨습니다. 발표 후에는 다 같이 교류회를 통해서 시끌벅적 즐겁게 점검도 하고 제안한 것을 살펴보는 시간을 갖습니다.

보다 많은 사람들에게 알리기 위해서 점검활동과 개선안에 대한 내용을 뉴스 또는 소책자 형식으로 정리하는 것도 좋을 것 같습니다.

점검 마을걷기 체크 포인트

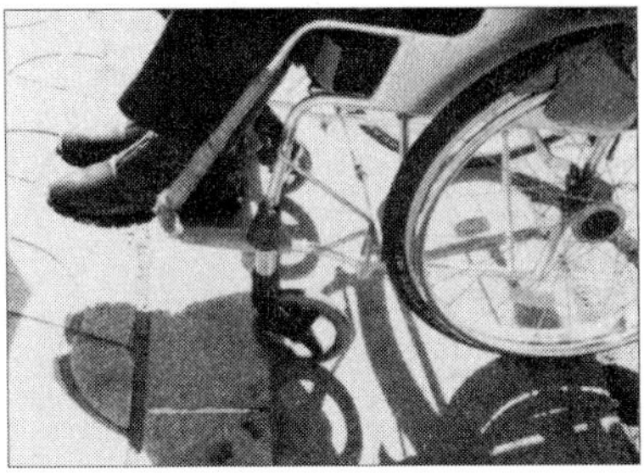

① 보도과 차도의 단차해소
단차해소는 되어 있습니까?
(2cm이하가 적당하다)

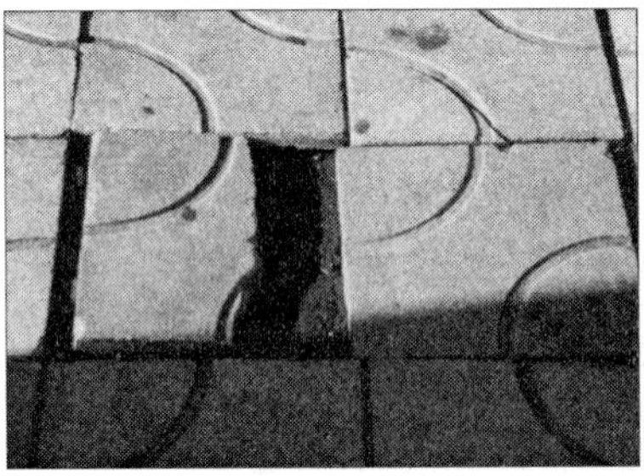

② 보도의 포장재료 · 마무리
보도의 포장은 울록불록하지 않고, 미끄럽지 않은 바닥재를 사용하였습니까?

③ 보행자의 안전성
보행자의 안전을 고려한 도로가 만들어져 있습니까?

④ 보도상의 장애물
보도나 점자블록 위에 장애물은 없습니까?

⑤ 하수구 틈
하수구 틈에 휠체어 바퀴나 지팡이 끝이 빠질 우려는 없습니까?

⑥ 공공건물의 출입구
우체국이나 병원 등 공공건물의 입구는 단차 없이 들어갈 수 있습니까?

⑦ 공원 등의 출입구
차막이 등이 출입에 방해가 되고 있지는 않습니까?

⑧ 휠체어용 화장실
다양한 사람이 이용하는 곳에 휠체어용 화장실이 있습니까?

⑨ 역 등의 계단
경사면이나 엘리베이터 · 에스컬레이터가 있습니까?

⑩ 매표기
쉽게 조작할 수 있게 되어 있습니까?
휠체어에 탄 사람도 손이 닿습니까?

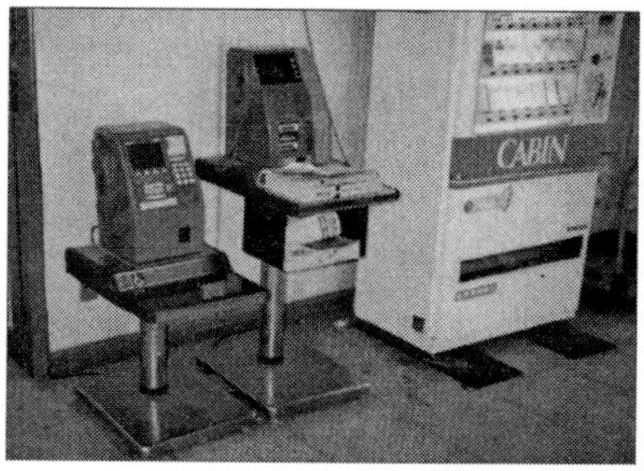

⑪ 공중전화 · 자동판매기
휠체어에 탄 사람도 사용하기 쉬운 높이입니까?

사진제공 : 마에바시시

본 쪽의 사진은 사람에게 편리한 마을만들기 정비계획 책정을 위하여 마에바시시가 고령자와 장애인들과 함께 점검 조사를 시행하고 있는 모습입니다.

3 마을의 점검 사례

시민참여에 의한 복지 마을만들기 점검

「시민 · 복지의 마을만들기 점검」 누구나 살기 좋은 마을만들기 간담회
카나가와현 이세하라시 협력 : 산능(産能)대학 정보디자인연구소

이세하라시에서는 매년 여름방학이 되면 어린이들을 중심으로 많은 시민들이 참가해서 장애인의 시선으로 자신들의 마을을 점검하고 마을의 문제점을 개선해 나가는 활동이 진행되고 있습니다.

350명의 시민참가에 의한 점검활동

카나가와현 이세하라시에서는 1993년도 사업으로 시가 「장애인을 위한 가이드 맵 작성사업」을 시행하게 된 것을 계기로 시민이 주체가 되어 공공시설과 도로 등의 공동공간을 점검하는 활동이 시작되었습니다. 전문가나 공무원들만 생각하는 것이 아닌 보다 더 넓은 시민참가를 위해 장애인 단체나 봉사단체를 중심으로 「누구나 살기 좋은 마을만들기 간담회(의장 야마구치 카츠오)」가 결성되어 실제 점검활동에는 많은 어린이들이 참가했습니다.

그림1
몸이 불편한 사람의 목소리를 듣고…

그림2
한 사람 한 사람 체험해 보고…

점검활동에는 「지역점검」과 「시설점검」의 2종류가 있습니다. 「지역점검」에서는 많은 시민들이 모이고 생활의 중심이 되는 구역을 '복지 존'으로 지정하여 이세하라역 주변 등 3곳에서 실시했습니다. 「시설점검」은 복지시설을 중심으로 일상생활과 관련 깊은 공동시설을 선정하여 총 137곳을 점검했습니다. 1개월간의 여름방학에 걸쳐서 전체 350명의 시민이 참가 하였습니다.

문제 지적에서 개선안으로 연결한다

점검활동의 방법은 건강한 사람과 장애인이 함께 그룹을 만들어 조사해 보는 형태로 진행되었습니다. 처음으로 휠체어와 눈가리개를 체험해 보는 사람은 장애인의 입장을 몸소 알게 되고 장애인과 교류하는 기회를 갖게 되는 것입니다. 또한 장애인으로부터 마을 안에 어떤 장애물들이 있고, 무엇이 불편한지, 구체적인 설명을 통해서 문제점을 쉽게 파악할 수 있었습니다. 이러한 점검활동의 결과는 지도에 문제 장소와 내용을 써내려가면서 눈에 보이는 형태로 표시해 나갑니다. 그리고 참가자들이 개선안을 정리하여 행정에 제언을 했습니다.

그림3
다른 점은 무엇인지 깨닫고…

그림4
방해가 되는 것을 알아보고…

이 같은 과정을 거쳐 「배려 · 함께하는 지도」가 1994년 3월에 완성되어 장애인분들을 중심으로 배부했습니다. 이 지도에는 장애인에게 안전한 도로와 위험한 도로가 색으로 구분되어 있고 주요한 공공시설의 출입구 상황(계단 · 경사로 등)과 휠체어용 화장실의 유무, 엘리베이터 · 에스컬레이터의 유무 등이 게재되어 있습니다.

점검활동의 목표는 「인재양성 · 마을만들기」

이 점검활동을 애초부터 지원해 주고 계신 사이토 스스무(산능대학 경영정보학부 조교수)씨에게 이 활동이 의도하는 것을 여쭈었습니다.

"이 활동은 지도만들기가 최종목표가 아닙니다. 중요한 것은 시민이 주체적으로 참가하여 주변의 문제를 알아보고, 마을을 어떻게 바꾸어 나가면 좋은지를 스스로 생각 해 보는 것입니다. 동시에 복지 마을만들기는 점의 정비 뿐만 아니라 점에서 선으로, 선에서 면으로 전개하지 않는다면 장애인들이 자립해서 생활할 수 있는 환경을 만들 수 없습니다. 마을만들기는 시민이 주체이며 그것을 알리는 의식개혁(인재양성)과 안심하고 안전한 이동이 보장되어, 곤란할 때면 누구든지 도와줄 수 있는 복지존 형성(마을만들기)이 활동의 두 가지 큰 목표입니다."

그림5

누구를 위한 것인지 다시 한 번 생각하고…

그림6

안된다고(전례가 없다), 할 수 없다고 결코 말하지 말며…

여름방학의 점검활동은 그 후에도 「누구나 살기 좋은 마을만들기 간담회」를 중심으로 매년 실행되어 회 당 100명 정도의 사람들이 참여하고 있습니다. 회를 거듭하면서 실제로 개선된 장소도 있습니다. 즉 시민의 목소리가 마을만들기에 반영된 것을 알 수 있습니다. 보다 많은 시민들의 청원을 이루기 위한 점검활동의 진행뿐만 아니라 개선된 장소의 소개와 심포지엄을 개최하는 것을 검토하고 있으며, 앞으로의 전개가 기대됩니다.

이세하라시의 점검활동에는 아이들이 많이 참가하고 있습니다. 참가자들은 그룹으로 나뉘어 미리 정해 놓은 점검 순서에 따라 휠체어와 눈가리개를 이용해 마을 안을 돌아다니며 도로나 시설 등의 상황을 조사합니다. 점검지도에 색깔 스티커(위험 포인트는 빨강, 안전 · 안심 포인트는 파랑, 주의 포인트는 노랑)를 붙이거나 알게된 점, 문제점들을 적습니다. 점검을 마친 그룹은 감상이나 문제점을 정리하고, 어떻게 개선해 나가면 좋을지 이야기를 나눈 후 발표를 합니다. 시민이 중심이 되어 실시한 점검활동의 결과와 개선안은 꼼꼼하게 정리하여 행정부서에 제안됩니다.

메시지와 일러스트 : 사이토 스스무

그림7

끈기 있게 나아가면서…

그림8

더욱 더 나아가고 싶은 마을만들기를 위해!

● 점검풍경

점검지도를 갖고 그룹별로 출발

배수구 뚜껑 점검

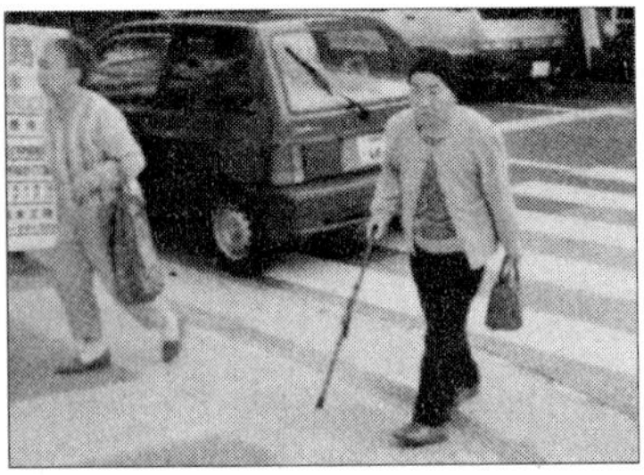

점검활동에 의해 개선된 교차로의 단차해소와 점자블록

점검을 마치고 감상이나 문제점을 발표하고 개선책을 생각한다.

사진제공 : 산능대학 정보디자인연구소 지역계획정보연구실

「배려 · 함께하는 지도」(이세하라시)

~이세하라역 주변 남지구의 일부~

제1회 점검활동의 결과를 살려
이세하라시가 작성한 「배려 · 함께하는 지도」
도로와 공공시설의 복지적 배려상황이 표시되어 있습니다.

출처 : 「배려 · 함께하는 지도」 이세하라시

「이세하라역 북(北)지구의 점검지도」

점검지도에는 보이는 문제점들을 바로바로 써 내려갑니다. 기입한 문제점들을 보기 쉽게 정리해 놓은 것이 이 그림지도입니다.

「배려 · 함께하는 지도」에 점검결과를 중첩해 보면 시민들이 지적했던 문제가 개선되었는지, 시민의 의견이 마을만들기에 반영되었는지에 대해 알 수 있습니다. 매년 진행하는 점검활동의 모습과 점검결과는 「배려 · 함께하는 마을만들기 뉴스」(이세하라시 봉사연락협의회 · 누구나 살기 좋은 마을만들기 간담회 발행)에 게재하고 복지의 마을만들기를 넓혀가기 위해 공공시설을 중심으로 배부되고 있습니다.

출처 :
배려 · 함께하는
마을만들기 뉴스 No.4

여성건축가에 의한 「이동공간」의 점검

우리들의 〈도쿄여행〉 –그 이동공간을 생각한다
(사)도쿄건축사회 · 여성건축사 위원회 기획
제6회 공개심포지엄 자료에서

여성건축가들이 "이동공간"에 주목한 점검과 보고 「우리들의 도쿄여행」 을 기획했습니다. 일하는 여성 · 아이동반 · 고령자라는 3가지 입장에서 각자 자택을 기점으로 목적지까지의 이동과정을 다큐멘터리 형식으로 쫓아가면서 문제점과 개선안을 제시했습니다.

이동공간 속의 도쿄

「우리들의 도쿄여행」은 거대도시인 도쿄를 "이동공간"이라는 시점에서 새롭게 살펴보려는 시도입니다. 매일 흔들리는 만원전차로 출근해서 건축가로서 현장을 뛰어다니면서 바쁘게 일하는 여성들이기 때문에 생각해 낼 수 있었던 색다른 관점이라 말할 수 있는 것이죠. 확실히 사람, 물질, 정보가 교차하는 도쿄에서는 사람들이 이동하면서 도쿄라는 도시공간을 인식하고 있는 것인지도 모릅니다. 이 사례에서는 일하는 여성들이 자신의 일상생활을 돌아보며

① 근무 중에 이동을 생각한다 〈위크데이편〉
② 휴일 등에 아이를 동반한 이동을 생각한다 〈가족편〉
③ 나이가 조금 들었을 때의 이동을 생각한다 〈실버편〉의 3가지 이동을 설정하여 보았습니다.

적절한 배리어프리 환경이란 무엇인가

여기에서는 3가지 설정 중에서 〈실버편〉을 소개합니다. 실버편에서는 고령자의 일상적인 생활로 자택에서부터 전철을 타고 평소 통원하고 있는 의료기관에 가는 길을 직접 고령자에게 이동을 부탁하여 그 과정에서 어떤 문제점이 있는지, 그 개선책으로 어떤 제안들이 있는지 검토하고 있습니다. 현관의 난간을 잡고 자택 맨션의 계단을 내려가 발끝을 살피면서 천천히 내려가 급경사의 비탈길을 걸어가는 모습, 승차권의 발매기와 자동개찰기 사용 시에 당황하게 되는 모습, 앉지 못하고 기둥에 기대서서 홈이나 차내, 환승역에서 오르내리는 어려움, 겨우 목적지에 도착하게 되었지만 벤치 등이 없어 계단에 걸터앉아 버스를 기다리는 모습 등 세밀하고 주의 깊게 살펴보면서 단순히 계단이나 단차라는 물리적인 장애물뿐만이 아닌 승차권 발매기의 편의성과 역의 안내표지판 등을 포함해서 이동 시의 안전하고 쾌적한 이동공간이란 무엇인가, 라는 문제를 제기하고 있습니다.

주변 생활부터 되돌아보자

더욱이 이 사례에서는 전문가의 입장에서 “이런 식으로 개선되면 좋지 않을까…!” 라는 생각과 제안을 하고 있습니다. 그 중에 고찰을 위한 관점으로 문제점을 명쾌하게 하기 위해서 〈사람〉〈루트〉〈노드〉〈이동수단(전철 · 버스)〉〈풍경〉이라는 5가지 시점을 설정해 본 것이 특색입니다.

정리하는 방법도 해외의 사례를 포함해서 풍부한 사진과 그림을 이용하여 비주얼한 표현으로 어필해 놓았습니다. 역시 여성건축가들은 “여성”과 “환경을 만드는 사람”이라는 2가지의 입장에서 단순히 기능의 개선안이 아닌 세심한 방법과 디자인을 고려해서 사람들에게 친근하고 매력적인 이동공간의 제안을 하고 있습니다[*1].

이 기획을 주도적으로 추진한 미쯔카와 준코(여성건축사위원회, 제5기 위원장)씨는 다음과 같은 어드바이스를 하였습니다. 「도쿄이기 때문에 이동공간이라는 테마가 생겨났고 저마다의 마을에 어울리는 고유의 테마를 정하면 좋을 것이라 생각합니다. 마을을 점검하는 관점도 고령자가 받아들이면 모두 좋은 것이 아니라, 오히려 자신의 주변을 되돌아보고 그 안에서 마치 나의 문제처럼 생각해 보는 것이 중요합니다.」

[*1]

「우리들의 도쿄여행」은 도쿄 건축사회의 심포지엄(1993년)에서 발표되어, 그 성과로 (재)도쿄여성재단의 후원을 받아「쾌적한 이동공간 만들기를 위한 시민참여 텍스트북」(1995년)이 만들어졌습니다.

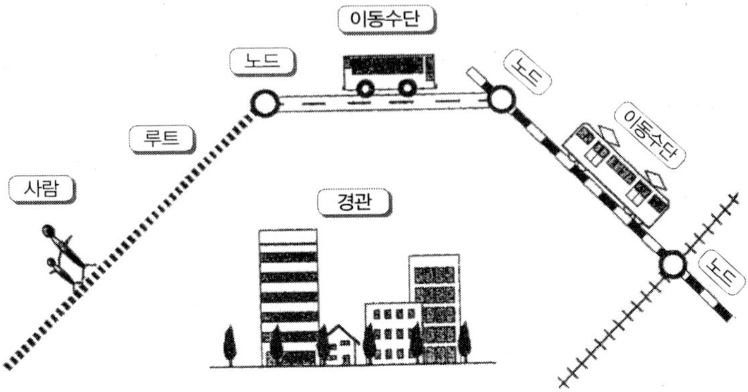

5개의 관점

① 이동하고 있는 주체인 「사람」에 따라, 특히 고령자나 아이를 동반한 사람 등 약자의 입장 등도 포함해서 생각한다.

② 이동하는 「루트」인데, 그 파이프로서의 역할과 다른 역할과의 갈등 등에 대해서 생각한다.

③ 이동 도중에 「노드(연결)」로서, 역이나 버스정류장이라는 기능상의 역할과 부대되는 약속 등의 기능이나 마을의 얼굴로서의 역할에 대해 생각한다.

④ 이동하기 위한 「이동수단(전철 · 버스)」에서는, 승차 인원을 넘지 않도록 하고 쾌적하게 탈 수 있도록 한다.

⑤ 이동 중에 보이는 「경관」에 대해서, 정지한 마을이 아닌 이동하는 관점에서 생각해 본다.

출처 : 제6회 (사)도쿄건축가회 여성 건축가위원회 기획 공개 심포지엄 자료집에서

자료집에는 집에서부터 이동경로를 따라가면서 왼쪽에는 「현장에서의 발견」으로 이동 중에 생기는 문제점들을 보여주고, 오른쪽에는 문제점을 해결하는 「고안 · 제안」들을 마치 필름이 돌아가는 것 같은 형식으로 알아보기 쉽게 정리 해 놓았습니다. 여기에서는 이동공간에 대한 문제점을 포괄적으로 나타내고 있으며 또 여러 사례의 고안 · 제안방법의 참고자료로 쓰이는 것을 목표로 합니다. 구체적으로 특정 장소에 대한 문제지적과 개선안을 제시하는 것을 목적으로 하지 않고, 지도상에 직접적으로 문제점을 쓰는 점검지도와는 다른 정리방법으로 되어 있습니다.

이동공간을 고안하여

이동공간에 대해서 〈사람〉〈루트〉〈노드〉〈이동수단〉〈경관〉이라는 5개의 시점에서 문제점의 분석 · 검토와 제안이 이루어져 있습니다. 예를 들어 〈사람〉이라는 시점에서는 이동에 따른 사람의 행위를 걷는다, 오르내린다, 쉰다, 쥐거나 잡는다, 기다린다 라는 행위를 분석해서 각 행위마다의 기본적인 인식과 배려해야 될 사항이 정리되어, 참고사례가 사진으로 소개되어 있습니다.

우리들의 도쿄여행 - 실버편

현장에서의 발견		검토 · 제안
A. 맨션 현관홀에 난간(H:850)이 있어서 안심.	자택 맨션	
A. 급한 경사로에는 난간(H:800, 주민 신청에 의해 구청이 설치)이 있지만 너무 높아서 사용하기에 불편하다. B. 난간을 조금 더 멋있게 디자인하면 좋겠다. C. 경사로의 논슬립 타일이 비오는 날에는 미끄럽다. D. 투수성 제품의 노면은 덜 미끄럽다. E. 보차도의 분리가 되어 있지 않은 도로는 무섭다. F. 보도변 화단의 경계석은 종종 벤치 대용으로 사용된다. G. 공사현장 앞의 보도는 위험하다. H. 아침 역전의 혼잡이 특히 심하다. I. 역전의 육교가 최근 철거되어 횡단보도가 생겨 건너가기 편하게 되었다.	도보	a. 이중난간(공원 난간지침)의 채택 검토 등 b. 마을만들기 디자이너 기용 c/d. 노면 재료의 검토 e. 보차공존/분리 방책에 충실 속도방지턱에 의한 속도 저감과 몰(Mall)화(≒산책길화) f. 의자(벤치)로도 사용할 수 있는 보도분리석, 보도의 정비.
A. 매표소는 표시가 작아서 보기 어렵다. B. 구내 공중화장실은 청결하기는 하지만 사용하기 불편하다. C. 자동개찰 – 타이밍 맞추기가 어렵다. – ID카드의 잔액표시 확인이 어렵다. D. 플랫폼의 계단 – 단차가 일정치 않아 위험. – 난간((H.940)이 너무 높다. – 구배는 완만하다. (단높이:160, 단폭:330) E. 플랫폼에 벤치가 있어서 대기 시간에 앉을 수 있다.	JR 메구로역	a. 보기 쉬운 표시, 대화식 매표기, 음성가이드 도입 b/c/d. 자동 개찰의 타이밍 · 콘트롤과 이중 난간의 도입 e. 벤치의 위치를 차량의 노인석 위치 부근에 설치한다.
A. 차내에는 앉고 서는 것을 돕는 손잡이가 필요하고, 차내 이동을 하지 않아도 되는 출입구 근처의 좌석이 바람직하다.	JR 야마노테선	a. 노인좌석을 출입구 근처로 가져온다.

자택계단

침수성 포장의 경사로

보도육교와 횡단보도

표 판매기

승차장 계단의 난간

난간이 있는 경사로

타일 포장의 경사로

역 화장실의 계단

자동개찰기

출입구 주변의 좌석

고안된 보도의 난간

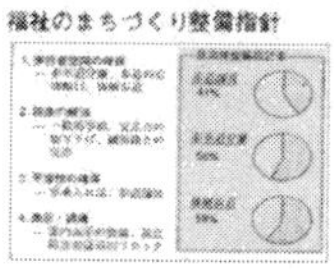

가로의 벤치

가로의 벤치

이중 난간이 있는 계단

역의 엘리베이터 입구

경사 엘리베이터

보도의 공원화

저층형 발매기

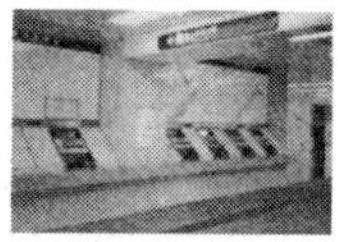

맹인용 안내 간판

휠체어용 엘리베이터

“이동하는 「사람」에 대해서”에서

포인트 ④ – 쉬다.

신체에 편리한 의자
· 경사로와 계단 중간에서 쉴 수 있다. 계단참이나 걸상이 있으면 좋다.
· 시내역 구내에 열차 대기용 또는 쉼용 의자가 필요하다.

마음에 와닿는 의자
· 산책로 상에 간단히 설치되어있는 벤치에서 편안함을 느낀다.

눈이 즐거운 고품격 디자인 벤치
· 아무 생각 없이 앉고싶어지는 인간적인 벤치

다마뉴타운

역 플랫폼

“이동의 「노드」에 대해서”에서

포인트 ① – 기본에 충실하다

(1) 안전하다
오르내림 단차가 없는 홈
비에도 미끄럼이 없는 재료
신체가 부자유스러운 사람도 이용가능할 것
(2) 쉘터(Shelter)
비, 바람, 햇빛에도 잘 견디게 만들었다.그러나 불편하다. 많은 사람들의 통과점이기 때문에 최소한의 통로공간이 아쉽다.
(3) 이동이 쉽고, 이해가 쉽고.
자신이 어디에 있고 어느 방향으로 가는 것이 좋을까, 확실한 정보를 얻을 수 있을 것
그리고 이동이 쉬운 공간 · 설비가 있을 것
· 친절하고 찾기 쉬운 안내판
· 시끄럽지 않은 정도의 음량에 의한 명확한 안내음성
· 사람의 이동을 방해하지 않는 개찰구 등

홈까지 직통
장애자 엘리베이터

의자가 있는 버스정류장

홈과 선로 사이의 차단(홈 도어)
추락방지 · 소음에 도움

출처 : 제6회 (사)도쿄건축사회 여성건축사위원회
기획공개 심포지엄 자료집에서

행정과 시민이 하나가 된 공원 점검

「좋은 마을이란 어떤 것일까? —공원편」

도쿄도 세타가야구 - '94 마을만들기 릴레이 이벤트-

건강한 사람과 장애인, 어린이와 고령자가 차별 없이 진심으로 즐기고 쉴 수 있는 공원이란 어떤 것일까? 세타가야구에서 네이처 게임의 수단을 활용해서 오감으로 자연을 느끼는 체험을 하면서 좋은 공원을 생각하는 구민참여 이벤트가 열렸습니다.

좋은 공원이란 어떤 것일까?

세타가야구에서는 1988년 이후 건강한 일반인이나 장애인 모두에게 「좋은 공원」이란 무엇일까에 대해 장애인과 의견교환을 나누는 워크랠리를 매년[*1] 진행하고 있습니다. 제 7회 테마는 「공원」으로 어린이 · 젊은이 · 노인 · 젊은 엄마 · 휠체어 이용자 · 눈과 귀가 불편한 사람 등 누구나 편하게 쉴 수 있는 좋은 공원이란 무엇일까를 고민해보는 시간이었습니다.

당시 구의 담당자였던 오가 요시노리(세타가야구 기획부 도시디자인실)씨는 「공원의 출입구 바닥에 턱이 없는 것, 휠체어 전용 화장실과 음료수를 마실 수 있는 공간이 있다는 것은 좋은 공원의 기본 조건이지만 이 조건만 갖춘다면 그걸로 끝인 걸까? 모두가 함께 즐길 수 있는 공원이란 어떤 것일까? 그래서 주목하게 된 것이 '오감' 입니다. 일상생활 속에서 잊기 쉬운 바람의 느낌, 새의 지저귐,

[*1]

「좋은 마을이란 어떤 것일까」는 세타가야구의 마을만들기 릴레이 이벤트의 일환으로 1988년도부터 1994년도에 걸쳐서 매년 실시되어 왔다. 구민이 휠체어나 눈가리개를 사용해서 거리를 걸어보는 체험을 통해 장애인들과 고령자의 입장을 이해하고 교류를 하기위한 이벤트이다.

나무표면을 만졌을 때의 감촉, 화초의 냄새 등 감각의 세계라면 누구나 똑같이 기쁨을 나눌 수 있을 것입니다. 만약 시각이나 청각의 기능이 약해졌다 해도 분명히 남아있는 감각이 있을 것입니다」라며 새로운 이벤트를 떠올렸을 때의 경위를 이야기 해주었습니다.

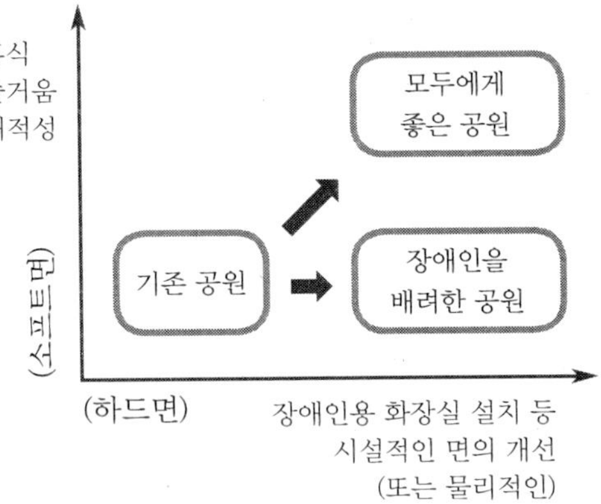

세타가야 토도리키 골짜기
도심 같지 않은 정적 속에 야자와(谷澤) 강의 물소리와 들새의
지저귐이 울리는 골짜기

풍부한 감각의 세계를 재발견하고, 워크숍을 통해서 제안을 정리해본다

이벤트는 11월에 진행되었지만 당일은 봄 같은 따뜻한 날로 구청의 모집에 응해서 약 40명이 참가했습니다. 일반 구민뿐만이 아닌 공원설계 전문가도 적극적으로 참여해 주었습니다.

우선 세타가야구내의 공원에 집합한 참가자들은 오전 내내 함께 공원 안에 있는 출입구나 시설들을 휠체어나 눈가리개를 하고 점검했습니다.

오후에는 드디어 오감의 세계로 도전입니다. 구의 스탭은 참가자에게 세타가야구의 비경인 「토도리키 골짜기」를 무대로 짧은 수수께끼 여행을 준비했습니다. 참가자는 가는 곳을 알지 못한 채, 눈을 감은 채로 골짜기 안으로 이끌려가게 됩니다. 골짜기 안에 들어가면 마을의 소리가 들리지 않게 되고 공기가 썰렁해 집니다. "여기는 어디?" 흙과 습기가 있는 숲의 냄새, 물 흐르는 소리, 손으로 느껴지는 식물의 감촉들. "이건 무엇일까?"하고 한발 한발 나아가며 두렵지만 손을 뻗어 살며시 만져봅니다. 이것이 네이처 게임의 시작입니다. 시각이 사라짐으로 인해 오히려 그 외의 감각들이 깨어나고 신선한 놀라움과 감동을 받으며 오감으로 느끼는 것에 대한 즐거움을 재발견하게 된 것입니다.

짧은 수수께끼 여행에서 무사귀환한 참가자들은 다시 집회소에 모여서 그룹별로 워크숍 형식으로 이 체험을 살려 좋은 공원에 대하여 아이디어를 냈습니다. 장애인의 이야기에도 귀를 기울여, 그룹별로 좋은 공원의 이미지를 발표하면서 참가자들은 체험을 재음미하면서 진정한 의미의 좋은 공원에 대하여 생각하면서 하루를 보냈습니다.

이 이벤트에서는 짧은 수수께끼 여행을 시작하기 전에 「맨발이 되어보자!」라는 워밍업으로 먼저 참가자가 오감에 눈을 뜨게 합니다. 「흙」「자갈」「잔디」 등 다양한 소재의 노면 위를 걸어봅니다.

「좋은 마을이란 어떤 것일까–공원편」 이벤트의 두드러진 특색은 장애인과 고령자의 입장에서 본 문제점을 바로 지적하는 개선형이 아니라 우리들이 잃어버린 보물을 발견하는 것 같은 발견 제안형이라는 것입니다.

그리고 방법으로는 네이처 게임을 활용하여 놀이 가득한 프로그램으로 직접 즐겨보는 체험을 통해서 공원의 방향을 생각해보게 하며 계발(啓發) 이벤트에 필요한 "유익함"과 더불어 "참가해보니 재미있다"라는 요소까지 충분히 들어 있습니다.

롤 플레이 방법에서는 스스로 각기 다른 오감의 입장이 되어 공원이 어떤 모습이면 좋을까 이야기해본다.

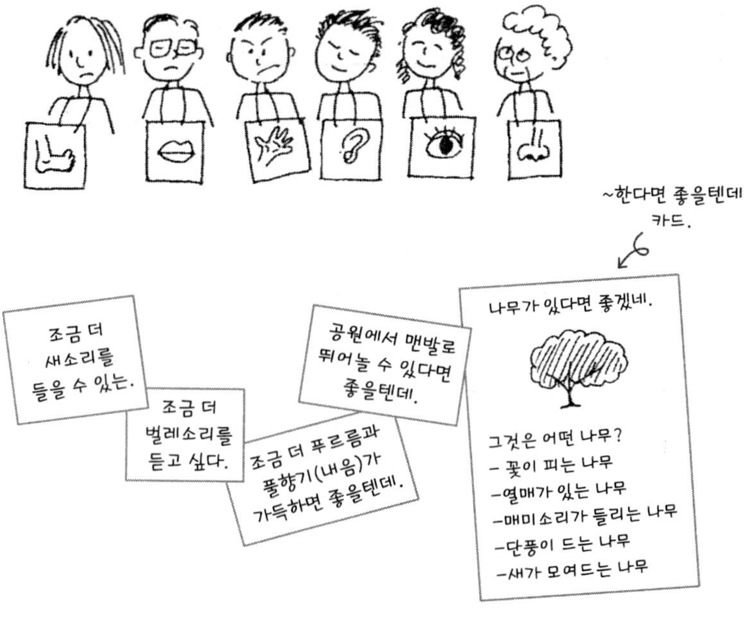

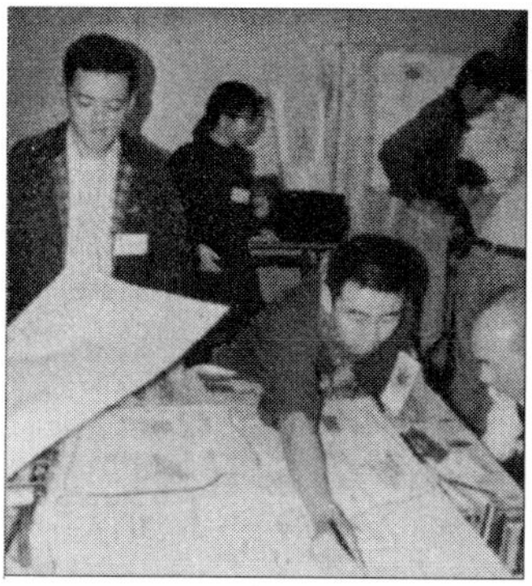

구체적으로, 동시에 풍부한 상상력으로
「편안한 공원」에 대한 이미지를 그려봅니다.

각 그룹별로 발표합니다.

편안한 공원을 연극형태로
발표한 그룹도 있었습니다.

「오감」의 세계로 들어가 보자

~세타가야 토도리키 골짜기의 네이처 게임에서~

우선 워밍업부터…

맨발이 되어 풀과 돌, 흙 위를 걸어보자

「옥석(玉石)은 차갑고 느낌이 좋다」
「잔디가 부드럽다」
「양지와 음지는 온도가 전혀 다르다」
「흙의 축축함을 맨발로 지긋이 느껴본다」

바람과 온도의 변화를 느끼는가?

「나무아래에서 시원함을 느낀다」
「양지와 음지는 매우 다르다」
「계곡에 들어가면 썰렁하다」
「나뭇잎 사이로 스치는 바람을
뺨으로 느낀다」
「양지에서는 등이 따뜻하다」
「강에 가까워질수록 싸늘하다」

어떤 촉감들이 있을까?

「다양한 나뭇잎, 거칠다, 바스락 바스락」
「울퉁불퉁한 나무의 껍질」
「나무는 따뜻하고 금속과 돌은 차갑다」
「의목(擬木)은 까슬까슬,
진짜 나무와 매우 다르다」
「이끼는 푹신함」
「종려나무 줄기의 털은 깔끄럽다」
「물이 차갑다!」

무슨 소리가 들릴까?

「차 소리는 점점 작아지고」
「졸졸졸 작은 강의 물이 흐르는 소리」
「나뭇가지 끝에 나뭇잎이 스치는 소리」
「직박구리와 까마귀 울음소리」
「바삭바삭, 바람에 떨어진 낙엽 밟는 소리」
「힘차게 떨어지는 물소리, 폭포일까?」

어떤 냄새가 날까?

「흙과 습기가 있는 숲 냄새」
「참나무의 달콤한 냄새」
「강물 냄새」
「낙엽 냄새」
「와우, 선향(線香)의 냄새가 난다」

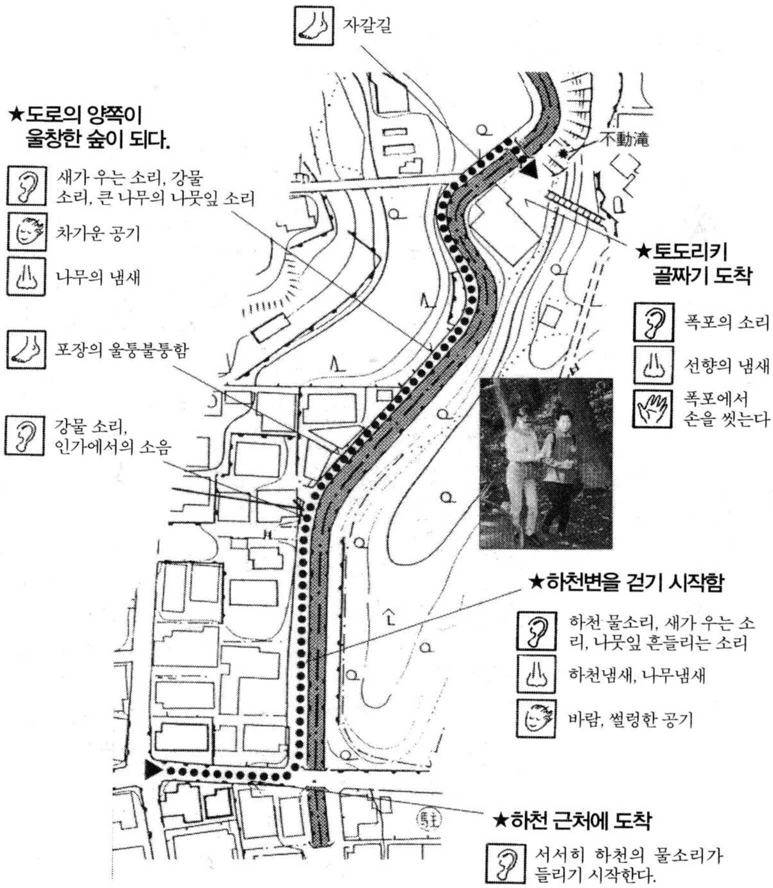
자갈길
★도로의 양쪽이 울창한 숲이 되다.
새가 우는 소리, 강물 소리, 큰 나무의 나뭇잎 소리
차가운 공기
나무의 냄새
포장의 울퉁불퉁함
강물 소리, 인가에서의 소음
不動滝
★토도리키 골짜기 도착
폭포의 소리
선향의 냄새
폭포에서 손을 씻는다
★하천변을 걷기 시작함
하천 물소리, 새가 우는 소리, 나뭇잎 흔들리는 소리
하천냄새, 나무냄새
바람, 썰렁한 공기
★하천 근처에 도착
서서히 하천의 물소리가 들리기 시작한다.

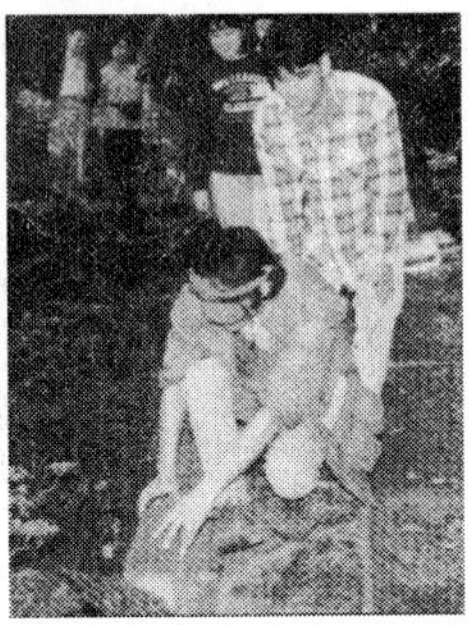

눈가리개를 하고 주택지의 도로에서 도도리키 골짜기로 들어간다. 강물 소리, 새소리를 들으며 폭포까지 걸어가서 눈가리개를 벗으면 그곳은 울창한 나무들 속의 별세계 !

II.

이런 마을에 살고 싶다

II. 이런 마을에 살고 싶다

어떤 마을에 살고 싶은가? 살고 있는 마을을 나의 마을로 실감 할 수 있는 마을. 어디든지 편하게 갈 수 있는 마을.

우선 고령자의 입장에서 보행자 공간의 정비에 따라 집과 밖을 연결한다. 이 경우 안전하게 걸어 다닐 수 있는 것이 중요하다. 보도바닥의 턱 높이를 낮추고 폭을 넓힌다. 미끄러지지 않는 바닥재를 사용하고 각종 정보게시판을 설치하여 편의를 도모하는 등 세밀한 연구가 필요하다. 정보를 제공하는 경우, 고령자는 한 번에 정보를 파악하는 능력이 취약하다는 점과 색과 소리를 인식하는 능력이 젊은이들과 다르다는 점을 고려하여 가능하면 간단하고 쉬운 것을 사용해야한다.

산책은 고령자의 큰 즐거움이라 할 수 있다. 자연스레 밖으로 나가 걷고 싶어지는 거리와 공원이 있으면 좋다. 쉬고 걷고 둘러 볼 수 있는 즐거운 공간이 있으면 집에 틀어박혀 있지 않고 나가게 될 것이다. 사람을 끌어내는 매력적인 공간의 정비가 요구된다.

다음으로 고령자의 광역적 이동을 돕는 각종 교통 네트워크의 정비가 요구된다. 고령자는 자가용뿐만 아니라 공공 교통기관을 많이 이용한다. 액세스(교통수단의 연계)는 잘 되어있는지, 환승하는 방법은 간단한지 등 여러가지로 검토할 필요가 있다. 왜냐하면 고령자에게는 생각보다 어려운 일이 많기 때문이다.

또한 불특정 다수가 이용하는 건축물에 대한 정비가 요구된다. 장을 보러 나가거나 관청에 들리거나 또는 도서관이나 음악회에 가는 등 즐거움도 중요하게 생각해야 한다. 이런 생활을 가능하게 하는 인프라(도시기반시설)로써, 공공건물도 다시 정비 되어야 한다.

한편 가능하다면 여러 시설들이 한 건물에 모여 있는 것이 편리하다. 아이들과 함께 활동할 수 있는 시설과 세대를 뛰어넘는 다양한 교류는 고령자뿐만 아니라 분명히 우리 모두의 생활을 풍족하게 해줄 것이다.

1 이런 도로가 있어요

지역에서 고안한 편안한 보도

「우메가오카 중학교 정문 앞의 보도 디자인」
도쿄도 세타가야구

누구나 편안하게 걸어 다닐 수 있는 안전하고 쾌적한 마을을 위해서 계획단계부터 행정부서가 주민들의 의견을 수렴하고 함께 설계하여 학교와 보도를 일체적으로 만드는 등 이상적인 정비가 진행되고 있습니다.

「소통하는(어울림이 있는) 마을만들기」 정례회의 모습

우메가오카역 주변지구에서는 누구나 안심하고 생활하면서 지역사회의 활동과 새로운 문화활동에 참여할 수 있는 지구 마을만들기 「소통하는(어울림이 있는) 마을만들기」가 진행되고 있습니다. 매월 20일, 소통하는 마을만들기 정례회를 열어 주민과 구청이 마을만들기 과제에 대해서 이야기를 나누는 생각의 장을 열고 있습니다.

새로운 보도정비는 우메가오카 중학교의 옹벽 개수공사를 정례회에서 열어 「우메가오카 중학교 정문 앞 보도를 생각한다」라는 테마로 학교부지의 일부가 계획에 포함되어 검토가 진행되고 있습니다.

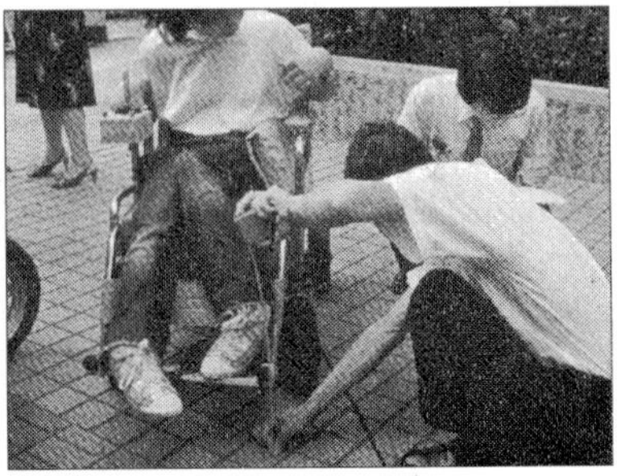

공개실험 「마을에서 공중전화를 걸어 보려면」의 광경

정례회에서는 마을주민, 우메가오카 중학교 PTA, 공무원 등 다수의 사람들이 참여하여 다양한 시도가 이루어졌습니다.

예를 들면 우메가오카 중학교 전직 선생님들에게 예전의 우메가오카에 대한 이야기를 들어보거나 마을을 알아보기 위한 워크랠리와 점검지도 만들기 진행, 도로변에 있는 화초를 조사해보고, 어떤 보도로 만들어 보고 싶은지 등에 대해 연구하는 모임을 처음으로 만들고, 장애인들도 이용할 수 있는 공중전화 설계를 위하여 「마을에서 공중전화를 걸어 보려면-공개실험」도 실행되었습니다.

이 같은 활동으로 모두가 새로운 마을길의 이미지를 위해 노력하였습니다. 여기에는 생활에서 비롯된 다양한 아이디어들이 담겨 있습니다. 통상적인 배리어프리를 조성하지 않고 자신들의 아이디어로 마을을 만들어가면 마을에 대한 애착도 증진됩니다. 또 자신들에게 필요한 것을 발견하고 재정비한 것은 큰 자산이 될 것이라 생각됩니다.

다 같이 만들어서 보도에 끼워 넣은 화초타일

함께 만든 화초 타일

하네기 공원 주변도로에서는 우메가오카 중학교 생물 동아리 친구들과 지역 주민들, 구의 공무원들이 함께 지역의 화초를 채집하여 타일 속에 담아서 바닥에 끼워 넣는 활동을 해보았습니다.

보도와 차도의 단차와 오르내리는 것을 없애고, 보도의 폭을 유효하게 살린 디자인

우메가오카 중학교 앞의 보도와 차도의 단차가 큰 곳은 20cm나 되어 보행자가 오르내리는 것이 힘든 길이었습니다. 그리고 보도에 세워진 전신주로 인해 보폭이 좁아지는 등, 보행이 불편함은 물론이고 휠체어는 통과하기조차 힘들었습니다.

이 문제에 대해 전력회사와 경찰서의 협조를 얻어 전봇대와 교통 표지판을 가드레일을 따라 일직선으로 차도 옆쪽으로 나란히 설치하기로 했습니다. 전봇대는 지금보다 더 얇은 것을 사용했습니다. 또한 차도의 높이를 더 높게 해서 인도와의 단차를 줄이고, 보도부분도 평평하게 해서 휠체어가 원활하게 지날 수 있게 하고, 보행자들도 마음 편히 걸을 수 있는 길이 되도록 하였습니다.

보도와 차도의 단차가 줄어들었다.

벤치가 있는 공중전화 박스

기존의 공중전화 박스 안은 공간이 좁고 전화기도 높은 위치에 놓여있어서, 어린이들이나 휠체어를 이용하는 사람 그리고 노인들 모두에게 편하지 않았습니다. 그래서 우리는 NTT(일본 전신전화 주식회사)의 협력을 얻어 문이 없는 넓은 공중전화 공간을 설계하게 되었습니다.

구체적인 설계에 즈음하여 3종류의 공중전화를 공중전화 박스 안에서 사용해보는 실험인 「마을에서 공중전화를 걸어 보려면」을 진행하여 전화기 기종과 전화박스의 높이 등 실험결과를 토대로 결정하였습니다.

공개실험의 성과인 새로운 공중전화 박스

가로수를 남긴다

「공공시설 주위에 더 많은 자연을」「현재 있는 가로수는 되도록 유지하자」라는 제안이 소통하는(어울림) 마을만들기 정례회에서 나와 이 의견들을 바탕으로 보도에 있는 버드나무, 은행나무를 베지 않고 그대로 두었습니다. 다른 나무들도 학교내 별도의 장소에 옮겨 심었습니다. 그리고 새로 심은 것은 늘 푸른 나무인 녹나무와 소귀나무, 꽃이 피는 목련과 미국산 산딸나무입니다. 다시 짙은 초록빛으로 물들려면 조금 시간이 걸리겠지만 조만간 멋진 풍경이 만들어질 것입니다.

가로수를 남겨서 정비한 사례

배리어프리 네트워크 정비

[나가네다이 지구 커뮤니티존]
아이치현 나고야시

주거계지구(住居系地區) 등에서 통과 차량의 진입을 막고 배리어프리(장애물 없애기) 등 사람들이 걷기 편한 마을만들기를 추진하고 있습니다.

사람들이 편안하게 걸을 수 있는 마을만들기가 요구되는 가운데 그 일환으로 커뮤니티존의 정비가 진행되고 있습니다.

커뮤니티존이 정비되면 고령자들도 일상의 생활도로에서 안심하고 다닐 수 있고 보다 적극적인 사회참여가 쉬워집니다. 이 경우 하드한 면에서의 커뮤니티 도로뿐만이 아니라 소프트한 면에서는 공안위원회(公安委員會)에 따른 속도규제 및 일방통행 규제가 중요합니다. 그리고 이 정비에는 도로를 어떤 방법으로 만들어 나가면 좋은지, 어떻게 진행해 나가고 싶은지에 대해 주민의 생각을 반영시키는 것이 중요합니다. 나고야시의 나가네다이 지구에서는 이런 점에서 지구의 문제점 추출과 정비계획에 대한 책정을 주민참가로 진행하여 커뮤니티존을 정비하고 있습니다.

지구의 교통 문제점

교통 실태조사와 주민들의 의견을 들어보기 위해 실시한 앙케이트 결과에서 해당 지구의 교통 문제점으로 다음과 같은 의견들이 나왔습니다.

- 간선도로의 정체를 피하기 위해 지구 내의 샛길을 이용하는 통과 차량이 많다.
- 지하철 이용자 등이 지구 내에 자주 주차를 해놓기 때문에 보행자가 안전하게 통행하기 어렵다.
- 시야확보가 어려운 좁은 교차점이 많아 돌발 접촉사고가 빈발하고 있다. (과거 3년간 35건의 인사사고 발생)

커뮤니티존 추진 협의회

정비계획을 책정하는 데 있어서 지구 주민과 함께 검토하기 위해 주민 대표자, 도로 관리자, 공안위원회, 초등학교 등의 관계자들로 구성된 「추진협의회」를 설치했습니다.

커뮤니티존 정비 계획

문제점을 해결하기 위해 만들어진 추진협의회에서 정비계획을 소프트한 면으로는 공안위원회의 대책을, 하드한 면으로는 도로관리자의 대책으로 나누어 다음과 같이 책정했습니다.

공안위원회의 대책(1996년도 실시)	도로관리자의 대책
· 최고속도 구역규제 지역 내 30km/h · 일방통행 규제 12구간 · 주차금지 규제 13구간 · 횡단보도 23개소 · 기타 : 신호기, 발광식 정지선 등	(1996년도부터 3년간 실시) · 커뮤니티 도로 4노선 · 보차공존 도로 3노선 · 교차점 대책 6개소 · 기타 : 이미지 과속방지턱, 발광식 중심선 등

1996년 9월부터 공안위원회에 의한 일방통행 규제 · 주차금지 규제 등의 교통규제가 실시되어 주차차량, 통과차량 등이 상당히 감소하였고 지구내의 교통환경도 크게 개선되었습니다.

노선별로는 여전히 통과차량이 집중되고 있는 곳도 보이지만 현재 정비중인 도로관리자의 대책(커뮤니티 도로 · 보차공존 도로 등)이 진행됨에 따라 점차 개선될 것입니다.

고령자를 포함한 모든 주민들이 안심하고 생활 할 수 있는 마을 만들기를 위해 전국 각지에서도 이와 같은 작업이 이루어지기를 기대합니다.

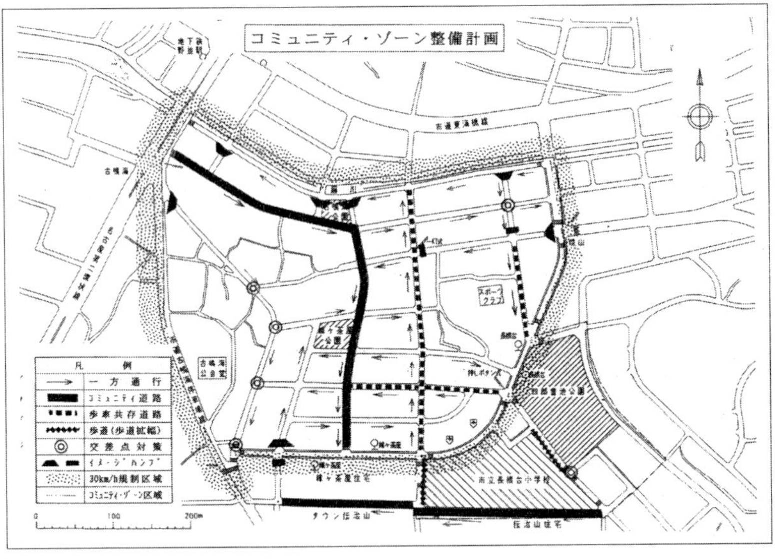

▶ 소 재 지… 아이치현 나고야시 미도리구 나가네다이
사업주체… 나고야시
면　　적… 지구면적/ 22ha

● 나가네다이 지구 커뮤니티 존 형성사업

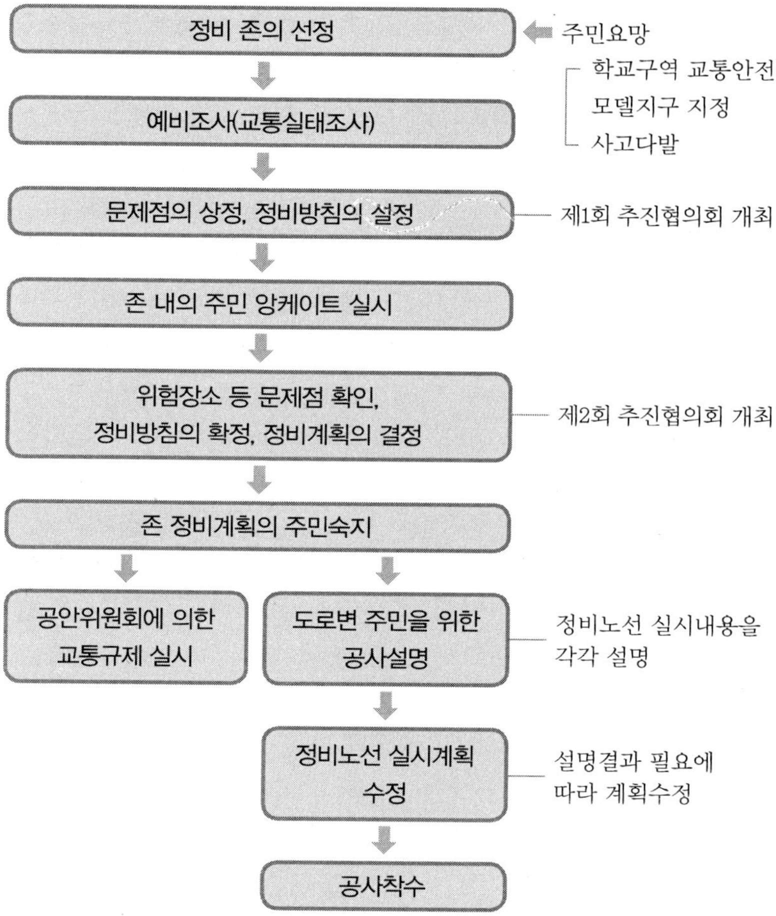

자료제공 : 나고야시

커뮤니티존 형성 사업

칼럼

보행자의 통행 등이 우선시 되어야 하는 주거생활지구 등에 대해서 통과차량의 진입을 막고, 지구 내의 삶에 안전을 위해 공안위원회에 의한 존의 규제와 도로관리자에 의한 커뮤니티 도로나 보차공존 도로 등의 면적(面的) 정비를 시행하여 안심하고 걸을 수 있는 생활환경을 정비하고 있다.

- **커뮤니티 도로**
  보도와 차도의 경계선을 지그재그로 만들어 자동차의 속도를 억제하고, 보도와 일체적으로 정비하여 사람과 자동차와의 조화를 이루는 도로
- **보차공존도로**
  인도의 설치가 곤란한 도로를 대상으로 험프(과속방지턱)나 협착(狹窄:길을 좁게 만드는 것) 등을 만들어 보행자를 우선으로 하고, 자동차의 주행을 규제한 도로

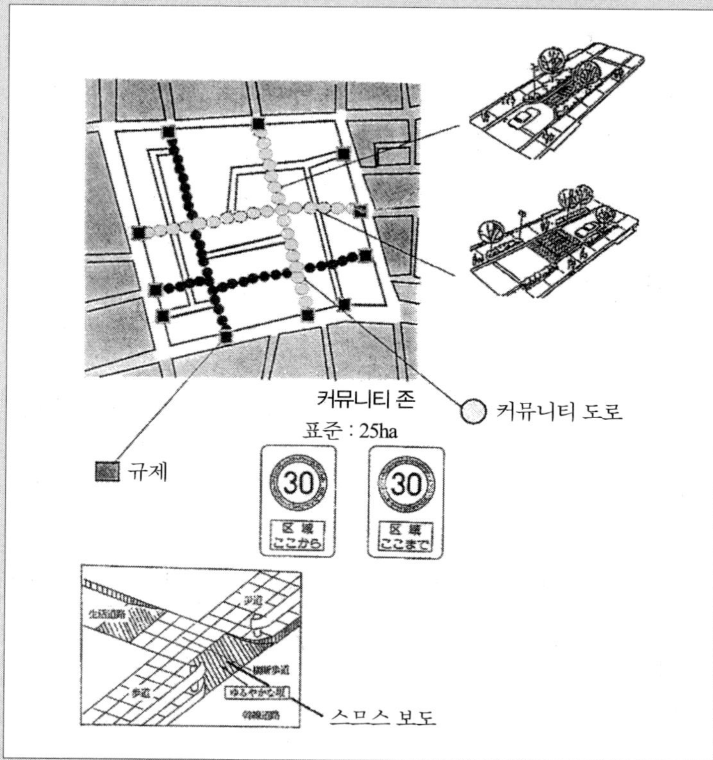

정비전

정비후

주민과 행정이 하나가 되어 임한다

「교통안전 총점검」

칼럼

"지역의 사람들과 함께 만들고 싶다. 누구나 안심하고 걸을 수 있는 길!"을 슬로건으로 주민참여가 기반이 되어, 도로관리자와 경찰 등 지역이 하나가 되어 임하는 「교통안전 총점검」이 건설성과 경찰청 그리고 지방 자치단체의 연대를 바탕으로 진행되고 있다.

고령자나 장애인들이 편안하게 다닐 수 있는 거리를 목표로 보도의 폭과 단차, 구배, 경사 등을 점검하고 지역 모두가 개선 방안을 생각하여 정비와 이용 대책을 마련하고 있다.

이 점검이 폭이 넓은 보도와 커뮤니티 도로의 정비, 보도의 단차(段差,) 구배(勾配), 경사의 개선, 보도상의 방치 자전거나 불법 점용물건 등의 장애물 제거, 위법주차 해소 등에 의하여 보행공간의 배리어프리화로 연결시킨다.

「교통안전 총점검」은 1996년도에 시작되어 1997년도부터는 전국적으로 전개되고 있다.

차도의 곡선화, 주행속도 제한에 따른 위험감소

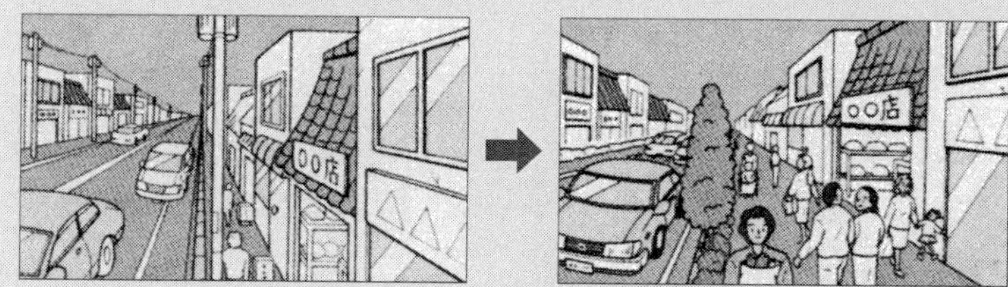

도로상의 물건 철거, 불법주차 해소, 보도의 확장 등에 따른 안전한 보행공간 확보

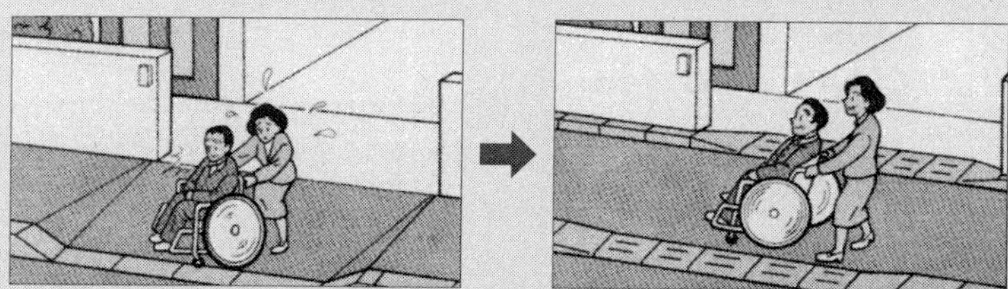

특수한 블록을 사용한, 평탄하고 안심할 수 있는 보도

배리어프리 보행 네트워크 형성을 추진하기 위한 시도

칼럼

누구나 안심하고 걸을 수 있는 길을 정비하기 위해 다양한 시도가 이루어지고 있다.

● 폭이 넓은 보도 등의 정비

보행자, 자전거의 안전하고 쾌적한 통행을 확보하고 고령자 · 장애인 등이 안심하고 통행할 수 있도록, 휠체어 2대가 동시에 스쳐지나갈 수 있을 정도의 폭이 넓은 보도(폭 대략 3m이상)의 정비를 추진하고 있다.

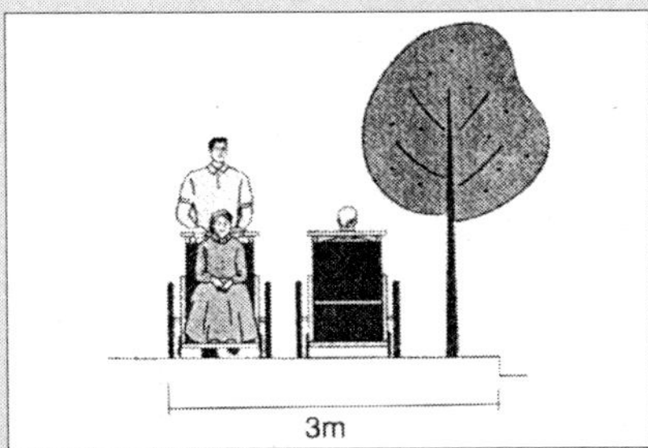

휠체어 2대가 나란히 지나갈 수 있는 넓이의 보도

● 전선류의 지중화(地中化)

보행자 등의 통행을 저해하고 있는 전신주 등을 제거하고 보도 등의 공간을 효율적으로 사용하기 위해 「전선공동구 (C-C-BOX)」의 정비 등에 의한 전선류의 지중화를 추진하고 있다.

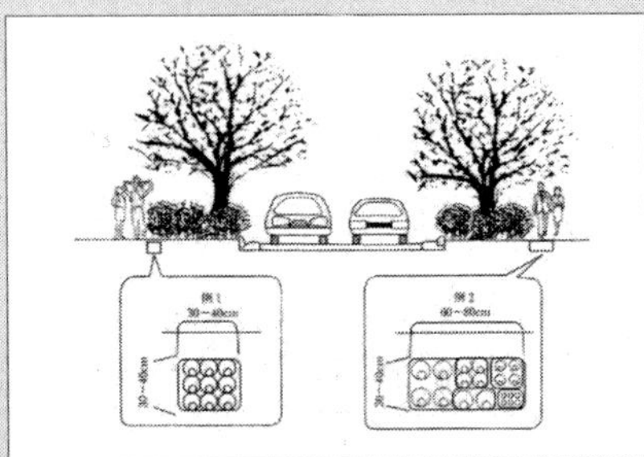

「전선공동구 (C-C-BOX)」의 정비

● 보도의 단차를 절하(切下)하여 시각장애인 유도용 블록 설치

보도의 단차를 낮추어 고령자나 장애인 등이 안심하고 쾌적하게 통행 할 수 있는 보행환경을 정비함과 동시에, 시각장애인의 보행이 잦은 도로나 공공교통기관의 역 등과 같이 시각장애인들의 이용이 많은 시설과 연결되는 도로 등에 시각장애인 유도용 블록의 설치를 추진하고 있다.

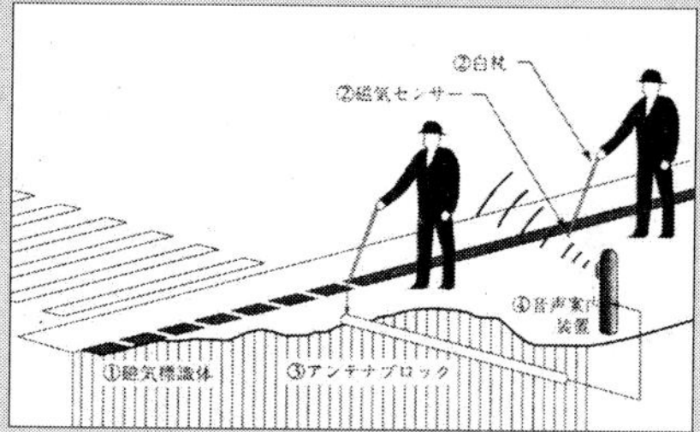

시각장애인 유도 시스템

또 최근에는 신기술을 응용하여 음성유도 안내시스템이 개발되어 일부지역에 설치되어 있다.

● 워킹 트레일 사업

시민의 보행 필요성(needs)에 따라 걷기를 통한 건강 · 복지활동을 지원함과 동시에 매력 있는 지역만들기를 추진하고, 여유와 정취를 실감할 수 있는 수준 높은 보행공간을 창출하고 있다.

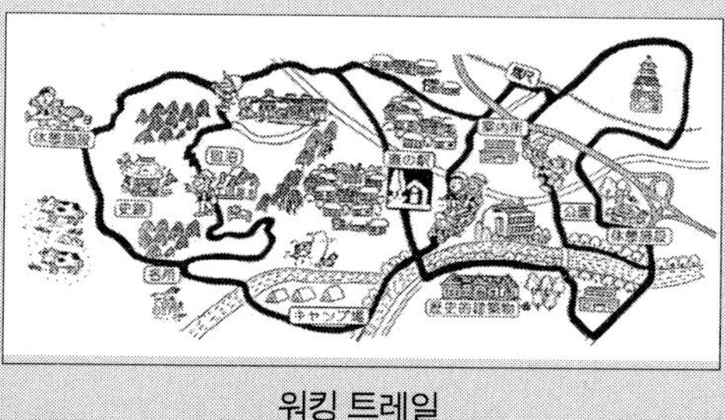
워킹 트레일

칼럼

타운 · 모빌리티 시도

고령자 등이 자유롭게 마을산책과 쇼핑을 즐기다

● 영국의 숍 · 모빌리티

영국에서는 1979년에 밀튼케인즈에서 제1호가 시작된 이래 1980년대 이후, 여러 시와 마을에서 숍 · 모빌리티 활동이 전개되어 현재 전국에 160곳 이상의 도시까지 확장되고 있다.

숍 · 모빌리티는 대개 민간 비영리단체(NPO)가 주체가 되어, 도시 중심부에 자리한 거점(숍 · 모빌리티오피스)에 전동스쿠터(삼륜 · 사륜으로 시속 6Km 이하의 것)와 휠체어 등을 비치하고, 상시 또는 일시적으로 보행의 곤란을 겪는 사람에게 무료로 빌려주고 또한 자원봉사자 등이 동행하여 연령이나 장애의 유무에 상관없이 누구나 쇼핑과 산책을 안전하고 자유롭게 즐길 수 있도록 돕는 시스템이다.

물론 이런 활동을 진행하기 위해서는 행정으로부터의 협조가 불가피하고, 오피스 책임자의 인건비는 지차체가 부담하는 경우가 많으며 또 지역주민이나 기업의 지원, 상점가의 협력 등도 없어서는 안 된다.

예를 들면, 전철로 런던에서 북쪽으로 2시간 거리에 있는 맥주로 유명한 바튼시(바튼 · 아폰 · 토렌토)에서는 자치단체의 특별예산과 지방기업의 모금으로 숍 · 모빌리티의 활동을 담당하는 새로운 공익법인을 설립하였다. 이 공익법인은 사람들에게 빌려주는 스쿠터나 휠체어를 선정하고 안내 등의 도움을 주는 자원봉사자들의 모집과 트레이닝을 담당하고 있다. 또 상공회의소나 라이온즈 클럽, 로터리 클럽의 활동 등을 통해서 상점 및 상점가의 배리어프리화를 선도하기 위한 활동을 진행하고 있다.

이 서비스를 이용하고 싶은 사람은 먼저 회원으로 등록한다. 그러면 필요할 때 스쿠터나 휠체어를 이용할 수 있고 봉사자들의 도움을 받으며 쇼핑과 산책을 즐길 수 있다. 바튼시의 사례에서는 이용자가 17세부터 97세까지로 폭이 매우 넓고 매일 이 서비스를 이용하는 사람도 있다. 한편, 상점가의 입장에서도 이런 사람들의 이용이 증가하면 매상이 올라가고, 6만 명의 인구가 있는 이 도시의 경제효과는 연간 10억 원 또는 그 배에 달한다고 한다.

영국 밀튼케인즈의 숍 · 모빌리티오피스

● 일본에서 타운 · 모빌리티의 시도

영국 각지에서 전개된 숍 · 모빌리티에 자극을 받아 일본에서도 타운 · 모빌리티라는 새로운 시스템의 도입을 시도하고 있다.

숍을 타운으로 바꾼 것은 단순히 구매활동으로 끝나는 것이 아니라 미술관이나 도서관을 이용하고 공원에서 산책도 하는 등 숍 · 모빌리티의 개념을 더욱 적극적으로 확장해 나가려는 생각에서이다.

일본 최초의 타운 · 모빌리티의 시도는 1996년 11월에 도쿄의 키치조지역 주변과 치바현의 카시와역 주변의 상점가 그리고 히로시마시 중앙공원 주변에서 이루어졌다. 당일 모인 고령자와 장애인 등은 도우미의 부축을 받으며 준비된 시니어카라고 명명되어진 전동 스쿠터에 분승해서 몇 개의 코스로 나누어 거리를 둘러보았다.

우선 시니어카 라는 교통수단을 이용하는 것 자체가 신선한 충격을 주었다. 하지만 곳곳의 단차로 인한 불편함과 좁은 통로로 인해 시니어 카에 탄 채로는 이용할 수 없는 상점이 매우 많다는 것도 확인하였다. 그리고 현금인출기나 자동판매기의 사용법이 고령자가 사용하기에는 불편하다는 것과 휠체어를 타고 이용할 수 있는 화장실이 매우 적다는 것도 확인하였다. 그러나 이번 시도를 통해 많은 사람들이 쇼핑의 즐거움을 느낄 수 있었던 것은 틀림없는 사실이다. 「다리가 안 좋아져서 5년 동안 갈 수 없었던 그릇가게에 갈 수

카시와시의 타운 · 모빌리티 실험

있게 되어 너무 행복합니다…」라며 감격스러운 표정을 짓는 참가자도 있었다.

이 시도는 시작에 불과하지만, 앞으로 고령자와 장애인에게 쇼핑과 같은 생활의 즐거움을 되찾아 주고 더불어 이들의 구매력으로 지역경제를 활성화시켜 경제효과가 증가하는 등의 다양한 가능성이 기대된다. 건설성도 「생활복지 공간만들기 대강」을 구체화하는 하나의 방책으로 이런 활동을 지원해 가는 것을 검토 중에 있다. 영국의 예를 들지 않아도 지방자치단체, 시민, 상점, 기업이 주체가 되어 이러한 활동에 참여함으로써 고령자와 장애인들의 생활환경이 한 단계 향상될 것을 기대하고 있다.

2 이런 역과 버스 · 전차가 있어요

새로운 버스 시스템

[무버스]

도쿄도 무사시노시

교통 공백지역 · 교통 불편지역에서 생활하고 있는 고령자와 아이를 키우는 주부 등 누구나 안심하고 외출할 수 있도록 지역과 역을 연결하는 새로운 교통 시스템으로 「Move Bus」,「Move Us」라는 의미를 가진 「무버스」가 탄생했습니다.

「고령자에게 쾌적한 환경은 모든 사람들에게 쾌적하다」

「키치죠지역에 가고 싶은데 다리가 좋지 않고 버스 정류장까지는 너무 멀어서 갈 수 없게 되었습니다. 자전거는 무서워서 타지 못합니다」라며 나이 많은 여성이 쓴 편지가 계기가 되어 시에서는 커뮤니티 버스인 「무버스」에 대한 검토가 진행되었습니다. 「고령자에게 쾌적한 환경은 모든 사람들에게 쾌적하다」라는 생각으로 시작하게 된 것입니다.

고령자도 편하게 탈 수 있는 무버스

시에서는 버스정류장에서부터 300m 이상 되는 지역은 교통 공백지역으로, 버스 편이 하루 100편 이하의 지역은 교통 불편지역으로 지정했습니다. 무버스는 키치죠지역과 이 역의 동쪽 지역을 마이크로 버스로 연결하는 시계방향 순환 버스입니다. 노선의 결정에 있어서 여러 번의 시운전과 코스의 수정작업을 거쳐 완성되었습니다. 운행은 한 바퀴에 약 4Km로 25분이 소요됩니다.

무버스는 누구나 이용 가능한 버스로 요금은 일률적으로 1,000원입니다. 키치죠지역 동쪽에 이미 영업 채널을 가진 칸토 버스에 위탁하여 운행되고 있습니다. 버스 차량은 시에서 구입하여 무상 대여해 주고, 정류장의 설치와 유지관리도 시에서 하고 있으며, 운행경비를 지원해주고 있습니다. 연간 보조금액은 약 2억 원입니다.

버스 본체는 정원이 좌석 15명, 입석 13명, 승무원 1명으로 29명까지 탈 수 있게 되어있습니다. 아이나 노인이 안전하게 탈 수 있도록 설계상의 배려가 완비되어 있습니다. 또한 차내에 안내판을 설치하는 등 지역의 정보교환의 장이 되도록 고안되어 있습니다.

운행을 시작하고 반년이 지난 1996년 5월 25일까지의 승객 수는 15만 7,539명, 하루 평균 865.6명이었고, 1996년 9월의 평균 이용자는 하루 1,120.3명으로 한 대당 27.3명으로 상당히 증가했습니다.

버스운행 시스템

- 버스 정류장은 고령자가 무리 없이 걸을 수 있는 거리를 고려해서 200m 간격을 기본으로 하여 17곳에 설치되어 있습니다.
- 요금은 일률적으로 1,000원, 유치원생은 무료입니다.
- 운행시간은 오전 8시부터 오후 6시까지입니다. 운행간격은 15분 간격으로 1시간에 4번, 하루 41번 운행됩니다. 운행 예정시각은 모두 동일하게 맞춰 기억하기 쉽게 하였습니다. 2대의 차량으로 운행되고 있습니다.

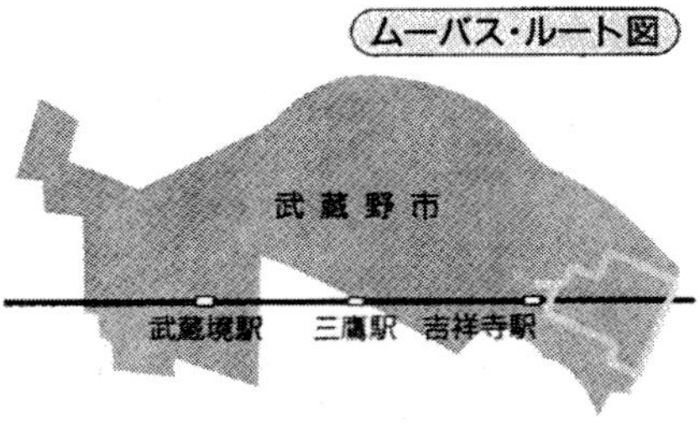
ムーバス・ルート図
武蔵野市
武蔵境駅
三鷹駅
吉祥寺駅

入口

吉祥寺東町一丁目
吉祥寺東町三丁目
吉祥寺東町四丁
吉祥寺本町一丁目
吉祥寺
吉祥寺南町五丁目
吉祥寺南町二丁目
吉祥寺南町一丁目
吉祥寺南町四丁目
吉祥寺南町三丁目
松庵二丁目
松庵一丁目
バス停番号・名称
0 吉祥寺駅北口
1 本町一丁目
2 法政通り
3 東町三丁目
4 本宿小学校
5 松籟公園
6 吉祥寺学園前
7 松庵三丁目北の顔
8 松庵小学校
9 特養ホーム前
10 藤永製薬前
11-1 南町三丁目
11-2 南町三丁目中央
12 秀島病院
13 南町コミセン西
14 水門通り
15 吉祥寺駅南口
運行ルート
迂回路
バス停

무버스의 다양한 시도

어떻게 하면 안전하고 편안한 버스 시스템을 갖출 수 있는지, 무버스에 대한 연구와 세밀하고 다양한 시도들이 진행되고 있습니다.

색과 번호로 기억하기 쉬운 무버스 정류장

■ 간편함과 안전성을 추구

● **버스 정류장 연구**

- 버스 정류장마다 표지판의 색을 다르게 하고 큰 숫자를 이용하여 식별하기 쉽게 만들어 놓았습니다. 굳이 버스 정류장의 이름을 외우지 않아도 노란색 1번 정류장, 초록색 4번 정류장과 같이 기억하면 됩니다. 버스의 차내 방송과 전광판 버스 정류장 안내도에도 그 번호를 표시해 두었습니다.
- 시간 표시는 크고 보기 쉽게 했습니다.
- 운행 경로가 좁은 도로에 대응하기 위해 소형(높이 2.3m)의 버스 정류장으로 하고, 보도가 없는 곳은 L모양으로 해서 가능한 한 도로변에 평행으로 설치했습니다.

버스 연구

- 버스에는 전동 스텝(Step)을 장착하고 첫 번째 스텝을 바닥에서 15cm 떨어진 높이로 하여 고령자가 버스에 오르기 쉽도록 만들어 놓았습니다.
- 움직이는 버스 안에서 안전하지 못한 버스 천정의 링 모양 손잡이를 없애고 움켜잡을 수 있는 봉 형태의 손잡이를 5곳에 설치하여 어느 위치에서나 잡을 수 있도록 하였습니다.
- 바닥은 비 오는 날에도 미끄러지지 않는 재료를 사용하고 몸이 안정되도록 움켜잡는 벽면의 손잡이 그립, 어른과 아이가 함께 앉을 수 있는 1.5인용 좌석, 접이식 시트로 휠체어의 적재장소 확보, 앉아서도 누를 수 있는 하차 버튼 설치 등의 개량을 시도했습니다.
- 아침 1편과 2편은 초등학교 통학 시간 때문에 일부 우회하고, 등교시간과 하교시간 때에는 버스에 접근 주의 멜로디를 틀어놓고 운행합니다.

무버스 외관

■ 다양한 연구

- 주택가의 좁은 길을 운행하기 위해 환경에 배려하고 있습니다. 세계에서 가장 엄격한 NOx규제의 디젤버스에 촉매를 사용한 배기가스 정화 장치를 장착하여 깨끗합니다. 이것은 매연과 소음의 감소에도 효과가 있습니다.
- 버스의 외관은 0부터 9까지의 숫자가 각각 다른 색깔로 버스를 둘러싼 재미있는 디자인입니다.
- 차내에 무사시 지역 FM을 틀어놓아 시내의 정보나 재해 정보를 실시간으로 알 수 있게 하였습니다.

■ 지역을 위한 버스

- 버스 안에 비오는 날을 대비해 대여용 우산을 준비해 두었습니다.
- 차 내에 커뮤니티 보드(전언판)를 설치하여 지역을 위한 정보 교환용으로 활용하고 있습니다.

▶ 소 재 지…도쿄도 무사시노시
사업주체…무사시노시
면　　적…한 바퀴 약 4Km, 버스정류장 수 17개

서로 마주보고 앉을 수 있는 분리
된 좌석에서 편안하게

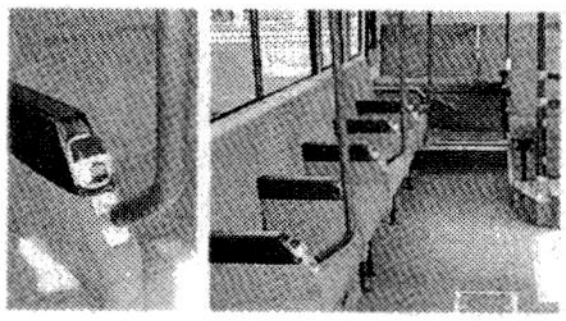

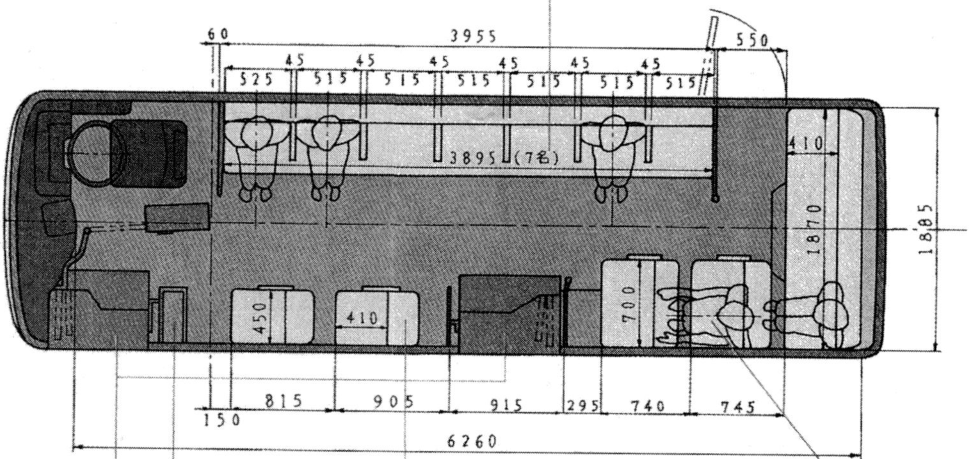

전동 발판으로 편
하게 승하차

누구나 사용할 수
있는 빌려가는 우산

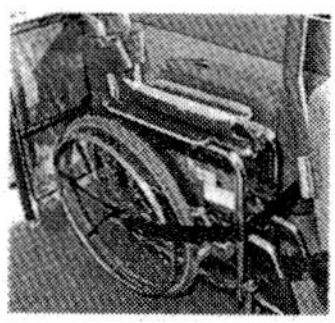

휠체어는 여기에
세워둡니다

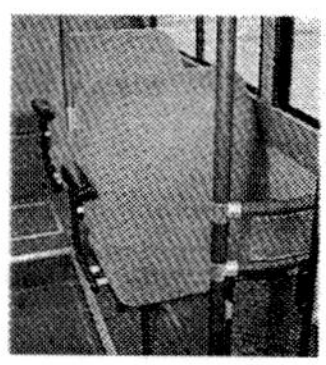

새로운 사용법이 가
능한 1.5인승 좌석

사진 및 자료제공 : 무사시노시

다리 위 교통 결절점

[마이코 버스 정류장]

혼슈 시코쿠 연락도로, 고베 · 나루토 루트

다양한 교통기관의 결절점으로 관광객이나 지역주민에게 안전하고 쾌적하며 이용하기 쉬운 도로만들기, 마을만들기를 진행하고 있습니다.

혼슈 시코쿠 연락도로(고베 · 나루토 루트)의 아카시 해협대교 혼슈측 관문이 되는 마이코역(효고현 고베시 다루미구) 주변에는 많은 교통수단이 얽혀있습니다. 그리하여 관련 기관들이 서로 협력해서 도시계획도로, 페데스트리언(보행자) 덱크, 역전광장, 입체주차장, 역전재개발 등을 일체적으로 정비하게 되었습니다. 버스터미널인 「마이코 버스정류장」은 지상에서 약 40m 높이의 혼슈 시코쿠 연락도로 · 마이코 고가교 위에 설치됩니다.

● 고베 · 나루토 루트 노선도

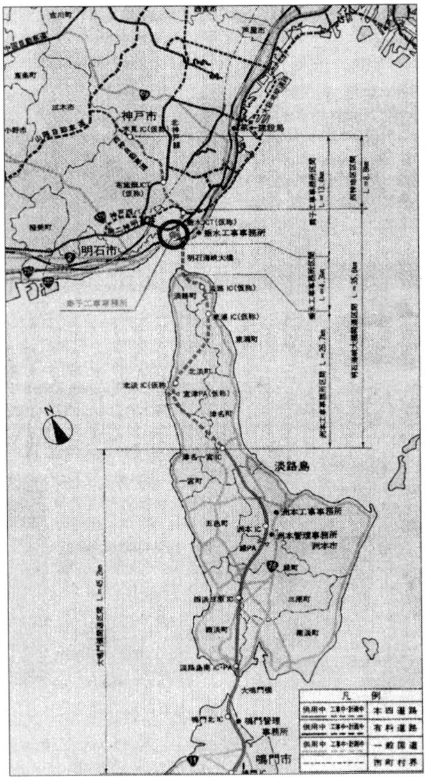

마이코역 주변의 예상완성 모형

버스정거장과 지상과의 높낮이 차를 해소하기 위해 엘리베이터와 에스컬레이터 승강설비가 마련되어 있습니다.

마이코 버스정류장과 역 등을 연결하는 연락시설에는 JR, 사철(私鐵)역, 도로, 공원, 주차장 등의 공공시설이나 공공적 건축물과 층의 높이를 맞춘 설계를 거쳐서 통로 등의 단차를 해소하고 노인을 포함한 모두가 안전하고 쾌적하게 이동할 수 있도록 배리어프리화를 추진하고 있습니다. 이것은 시코쿠 · 아와지 지역과 혼슈 사이의 연결을 좋게 하는 역할도 합니다. 그리고 아카시 해협대교를 지나는 공공 교통수단으로 평소 시코쿠 · 아와지 지역과 혼슈사이를 이동하는 사람 중에 자가용 이용이 불가능한 사람들에게는 버스가 아마 유일한 교통수단일 것입니다.

이런 점에서 승차 시의 부담경감을 도모하고 편리성을 높이는 것은 지역의 일체성을 갖게하는 마을만들기의 관점에서도 매우 중요합니다.

▶ 소 재 지… 효고현 고베시 다루미구
사업주체… 혼슈 시코쿠 연락교 공단
면 적… 바닥면적 / 1,993.8㎡

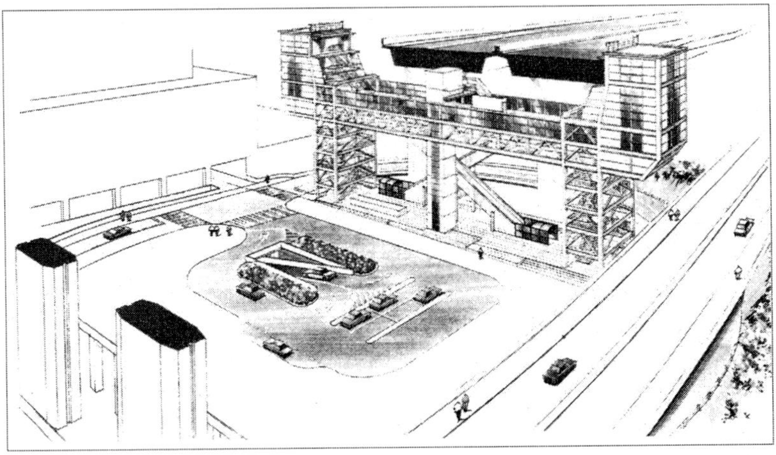

마이코 버스정류장 완성예상도

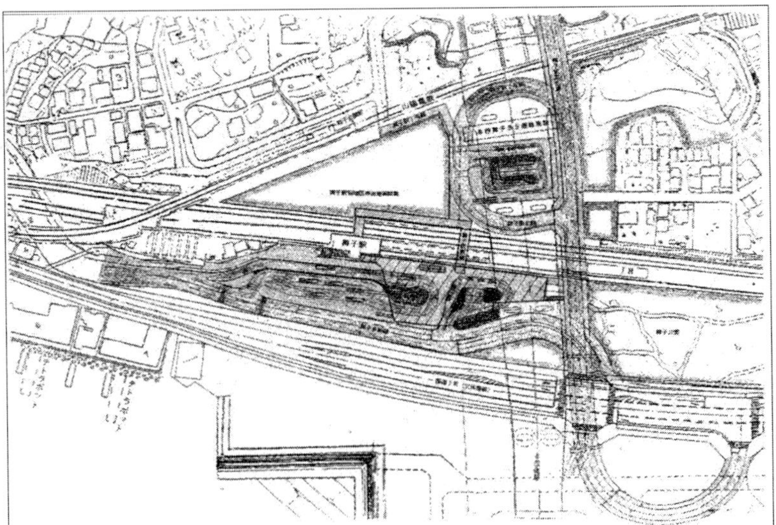

마이코역 주변 시설계획도

사진 및 자료제공 : 무사시노시

칼럼

고령자를 비롯한 모든 사람들에게 편리한 여러 가지 교통수단

아키야마 테츠오 (도쿄도립대학 대학원 공학연구과 전임강사)

● 오사카의 리프트(승강장치)가 달린 버스

일본에서 리프트가 달린 버스는 대부분 비슷하다. 오사카에서는 앞쪽 승차, 요코하마에서는 중간 승차로 출입구가 조금 다른 정도이다.

사진은 앞쪽 출입구에 리프트가 장착되어 있는 경우이다. 휠체어의 승강에는 3~5분정도 걸리므로 뒤쪽에는 승강 표시를 점등시키고 있다.

● 도쿄의 슬로프(경사면)가 달린 버스

도쿄도에서는 신주쿠역에서 도청까지 가는 셔틀버스로 리프트가 달린 버스와 바닥에 슬로프가 있는 버스를 번갈아가며 운행을 시작했다. 사진은 그 중에 하나로 슬로프가 달린 버스이다.

도청과 신주쿠까지의 거리는 도보로 10분정도 걸리는 짧은 구간으로, 휠체어를 타고도 충분히 갈 수 있는 구간이다. 조금 더 긴 구간을 운행한다면 이용가치는 더욱 커질 것이다.

● 서비스라인(스웨덴)

고령자 · 장애인이 가능한 한 걷지 않아도 되는 루트설정(버스정류장 100~120m)을 한 승합버스이다. 일반 버스노선과 같은 구간을 주행하기도 하지만 특별히 커뮤니티 시설이 많은 보행자 전용도로에서도 시속 10km/h의 주행이 허용되고 있다. 건강한 일반인도 이용가능하지만 대부분은 고령자와 장애인이다. 따라서 고령자 · 장애인 전용에 가까운 승합버스로 실체는 ST서비스와 거의 변함이 없다. 차량은 저상버스로 휠체어용 슬로프가 달려 있어서 한 번에 휠체어 사용자 4~5명이 탑승할 수 있다.

● DOOR TO DOOR 서비스(스웨덴)

전화예약으로 대중교통을 이용할 수 없는 장애인에게 서비스하는 교통시스템이다. 일반적으로 핸디캡(Handy cab)이라고 불리는 것이다. 승강설비는 슬로프와 리프트의 두 종류가 있다.

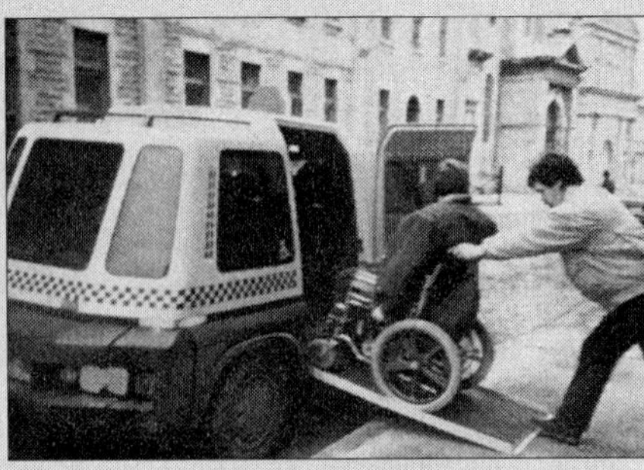

- **플랫폼 대응버스(스웨덴)**

1978년 스웨덴의 하름스타드에서 플랫폼과 버스 두 가지 아이디어를 같이 실행한 버스이다. 왼쪽의 사진은 버스 승강구와 같은 높이에 놓인 플랫폼을 건너서 탑승하는 모습이다. 버스에서 약 50cm 높이로 홈에 맞게 엣지가 밖으로 나온다. 오른쪽의 사진은 플랫폼에서 휠체어 사용자가 내려오는 모습이다.

- **차량 탑승 장치(스웨덴)**

유압식 휠체어차량 탑승 장치를 설치해 플랫폼에서 열차 안으로 들어갈 수 있도록 승강편의를 제공하고 있다. 이 밖에 수동식 간이 슬로프에 의한 휠체어차량 탑승 장치가 설치되어 있는 역도 있다.

● **논 스텝 버스**

유럽에서는 1984년에 이미 개발되었고 일본에서는 겨우 1997년 3월에 도쿄에 처음 도입되었다. 논 스텝 버스의 바닥은 땅에서 30cm 떨어져있다. 휠체어 이용자도 완만한 슬로프를 이용하여 간단하게 탈 수 있다.

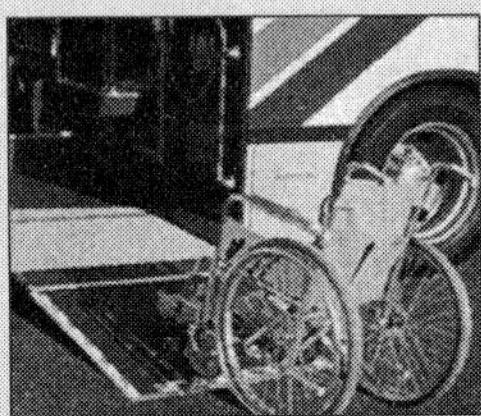

3 이런 공원이 있어요

마을 안의 작은 휴식 공간

[쁘띠 테라스]

도쿄도 아다치구

마을의 여러 장소에 윤택함을 주고 쇼핑이나 산책 도중에 쉬어 갈 수 있는 작은 광장인 쁘띠 테라스(petit[작은] terrace[정원])를 조성하였습니다.

고령자가 장을 보러 가거나 산책 중에 잠시 쉬어갈 수 있는 작은 광장, 아이들의 웃음소리가 들리고 동네 사람들의 대화가 오가는 장소, 그런 공간을 떠올리며 만들어진 곳이 쁘띠 테라스입니다. 버스 정류장이나 역전, 상점가, 주택가 등과 같이 마을의 다양한 장소에 설치되어 사람들의 생활에 여유를 주고 있습니다.

쁘띠 테라스 안에는 나무와 화단, 벤치와 수돗가 외에도 조각과 파고라 등이 설치되어 있어 각각 개성 있는 공원으로 완성되어 있습니다.

이러한 것들을 추구하는 관점에서 쁘띠 테라스 설치요강이 1989년 6월에 완성되어 1990년 4월에 주거환경을 정비하는 사업을 진행하는 가운데 생긴 협소한 부지를 이용하여 제 1호가 완성되었습니다. 1996년 12월 현재까지 52곳이 마련되어 있습니다.

쁘띠 테라스 사업은 구청이 토지를 구입하는 방법 외에도 구민이 소유하고는 있으나 당분간 사용할 계획이 없는 작은 공간을 제공 받아 5년 이상 무상으로 빌려서 정비하는 방법도 있습니다. 구청이 토지를 구입한 경우에는 구가 정비하고, 토지를 빌린 경우에는 마을만들기 공사가 정비하고 있습니다. 한편 정비 후의 유지관리는 마을만들기 공사가 맡아서 하고 있습니다.

아울러 뻐띠 테라스로 정비되는 토지는 다음과 같은 기준을 지켜야 합니다.

- 면적이 약 20㎡~300㎡이어야 한다.
- 도로 또는 그것에 준하는 통로에 3m 이상 접하고 있을 것. 다만, 깊이는 접도부 길이의 약 2.5배 이내일 것.

▶ 소 재 지… 도쿄도 아다치구
사업주체… 아다치구, (재)아다치구 마을만들기 공사
면 적… 정비개소 52곳 (1996년 12월 현재)

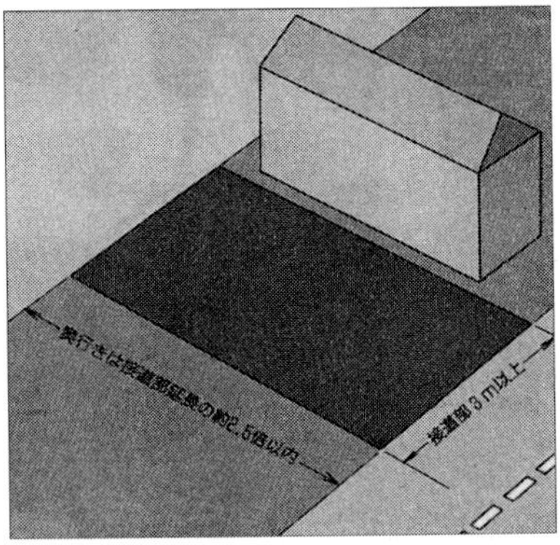

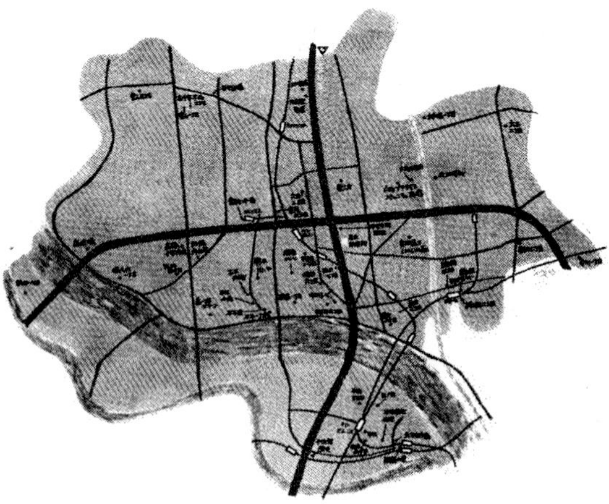

사진 및 자료제공 : 아다치구, (재)아다치구 마을만들기 공사

● **센주쥬꾸 역사 쁘띠 테라스**
〈센주카와라동(洞) 21〉

· 구청에 기부된 창고를 토대로 만들어진 순 일본식 정원의 쁘띠 테라스입니다.
· 창고 안은 갤러리로 개조되어 구민에게 무료로 빌려주고 있습니다.

● **효와 거리 휴식의 숲** 〈아오이 4-24〉

· 지붕형태의 파고라(덩굴시렁)가 개성적입니다.
· 유카와 다카시의 작품「나팔을 불면」이라는 조각이 설치되어 있습니다.
· 클래식한 수돗가가 그윽한 분위기를 자아내고 있습니다.

● **아다치 2동 쁘띠 테라스**
〈아다치 2-5〉

· 목재 스테이지와 통나무, 파고라가 있습니다.
· 지하에 방화수조가 매설되어 있습니다.

● **코지야 다리 쁘띠 테라스**
〈코지야 본동 4-14〉

· 버스 정류장이 있는 쁘띠 테라스입니다.
· 큰 조형물이 눈에 띕니다.

모두가 참여한 공원만들기

[후지노 찌르레기 공원]

홋카이도 삿포로시

공원 이용자와 공무원 그리고 컨설턴트가 워크숍을 통해 의견을 주고 받으며 완성한 배리어프리 공원입니다.

후지노 찌르레기 공원은 장애를 가진 아이들과 건강한 아이들 모두가 함께 놀 수 있는 공원이 있으면 좋겠다는 지역 주민들의 요청으로 사업화된 배리어프리 공원입니다.

공원계획 입안은 워크숍을 통해 추진되었습니다. 지역주민과 장애를 가진 사람들 그리고 장애 아동교육의 교사 등 여러 사람들이 모여 「새로운 찌르레기 모임」을 발족시켜 총 5번의 워크숍을 실시하였습니다. 워크숍에서는 다음과 같은 점들을 검토 하였습니다.

체험 모임을 통해서

휠체어를 사용하거나 눈을 감고 걸어보기 체험 모임에서 「턱이 없고 통행이 자유로운 공간을 마련한다」 「경사는 되도록 완만하게」 「통행에 장애가 되는 것은 두지 않는다」 「난간은 끊어지지 않게 설치한다」 「계단의 간격이 너무 크다」라고 하는 의견이 나왔습니다.

휠체어를 이용한 체험 모임

도입하고 싶은 시설

도입시설에 대한 구체적인 연구작업이 진행되어 33가지 항목이 제안되었고, 시설 하나 하나에서 고령자를 위한 세심한 배려를 느낄 수 있었습니다. 최종적으로 다음과 같은 시설이 실현되었습니다.

- 점자블록이 있는 손잡이, 점자와 입체적인 그림에 의한 안내판
- 휠체어를 탄 채로 이용할 수 있는 테이블 모양의 모래사장
- 안전벨트가 달린 의자 형 그네
- 휠체어가 접근하기 쉬운 음수대
- 소리의 변화를 느낄 수 있는 조형 분수
- 아이를 안고 탈 수 있게 고안한 미끄럼틀
- 휠체어가 회전할 수 있는 공간을 확보한 등나무

세울 수 있는 그림모형

세울 수 있는 그림모형의 작성

각 그룹별로 세울 수 있는 그림모형을 제작하게 하여 구체적인 치수를 기입하거나 나무의 이름을 들어서 그 이유를 기재하는 등의 작업을 통해 지금까지 느끼지 못했던 점을 수정하거나 발전시키거나 합니다. 이렇게 해서 완성된 6개의 세울 수 있는 그림모형을 토대로 하나의 안으로 좁혀가는 작업을 진행하여, 제한되었던 대부분의 시설을 도입한 최종안을 확정하였습니다.

최종적으로 워크숍의 참가자는 6그룹으로, 51명에 달했습니다.

워크숍 마무리 후

워크숍 풍경

계획안이 완성되어 워크숍이 끝나고 나서도 「공원완성을 기다리면서 조금이라도 사람의 교류를 늘리자」를 주제로 「찌르레기 홈 · 교류회」를 열어 공원완성까지 한달에 한번씩 모여서 시와 설계사무소에서 설명회와 상담을 진행했습니다. 공원완성 후에도 「찌르레기 홈 · 교류회」에서는 장애를 가진 아이들과 함께 노는 것을 목적으로 매주 화요일과 토요일에 열리고 있습니다.

▶ 소 재 지… 홋카이도 삿포로시 미나미구 후지노 2조(條) 1동
사업주체… 삿포로시
면 적… 745㎡

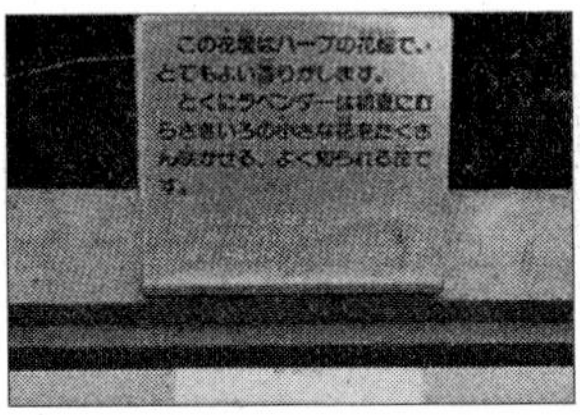

점자 설명을 새긴 나무 설명판

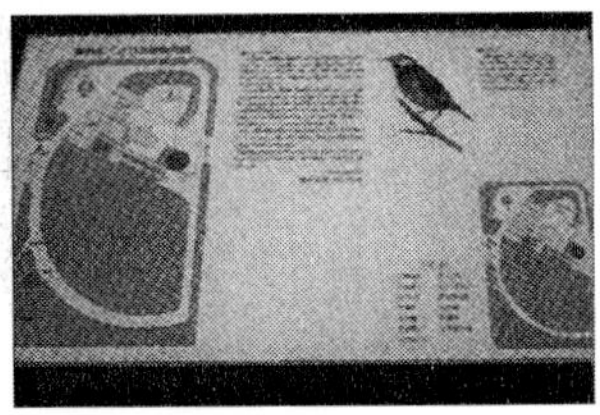

촉지식(觸知式) 종합안내판

휠체어로 이용할 수 있는 음수대

사진제공 : 「Barrier Free View (후지노 찌르레기 공원)」 ((주)코토부키) 팜플렛에서

장애인의 이용을 중요시한 1인용과 2인용 그네

롤러 슬라이드, 스테인레스 슬라이드, 현수교, 슬로프, 매트 등의 복합 놀이도구를 만들어서 장애를 가진 어린이와 건강한 어린이들이 함께 놀 수 있도록 고안

휠체어를 탄 채로 이용할 수 있는 테이블 모양의 모래사장

치유 시도…원예요법

칼럼

일본에서는 앞으로 십여 년 내에 인구의 30% 이상의 사람들이 어떤 형태로든 원예를 즐기게 된다고 보고 있다. 식물을 보면 마음이 편안해지고, 내 손으로 정성껏 보살펴 주면 큰 기쁨과 만족을 얻는다고 하는데, 원예활동이 불러오는 이런 긍정적인 효과를 이용해서 사람의 몸과 마음을 보다 더 좋은 방향으로 이끌어 가는 것이 원예요법이다. 일본에서는 아직 친숙하지 않은 말이지만 구미에서는 하나의 치료법으로 확립되어 있으며 실제로 병원이나 시설에서도 원예요법사라고 불리는 전문가가 활동하고 있다고 한다.

원예요법의 활동은 단순히 화초를 기르는 것이 아니라, 야채를 재배하거나 플로워 어레인지멘트(Flower Arrangement:꽃장식)를 하거나 온실에서 작물을 키우거나 풀을 베어보는 등 다양한 활동이 있으며, 이용하는 사람에 맞게 준비된다.

구미에서는 고령자나 장애가 있는 사람들에게 원예요법을 지도하거나, 원예요법사를 목표로 하는 사람들을 위한 실습 프로그램이

작업풍경
(원예 데몬스트레이션 가든)
사진제공 : 원예요법 연구실
사와다 미도리

도르래를 이용해 매달아 놓은 꽃바구니

원예요법 도구 전시
사진제공 (위아래 모두) : ㈜에스 · 이 · 엔 환경계획실

마련되어 있는 공원도 있다. 시카고 공원에 있는 원예 데몬스트레이션 가든(원예 전시공원)도 그 중 하나이다. 식물원 내에서 도시원예부국이 주민들에게 원예에 관한 정보를 제공해 주거나 꽃이나 자연과의 관계를 돈독히 하는 프로그램을 진행하고 있으며, 그 중의 하나로 원예요법 프로그램이 있다. 이 프로그램은 참가시설(병원, 노인정 등)의 스텝과 요법을 받는 사람들 모두를 지도하는데 봄에서 여름까지는 야외작업으로 진행하며, 식물을 기르고 수집한 꽃과 허브 종류를 관리한다. 또 가을에서 겨울까지는 이것을 재료로 말린 꽃 표본 등의 실내작업을 진행한다.

최근 일본에서도 원예요법에 대한 관심이 높아져 각지에서 원예요법에 관한 강좌와 워크숍이 열리고 있다. 앞으로 공원의 이용방법과 운영기법 등을 연구하는 데 있어 원예요법은 하나의 중요한 관건이 될 것이다.

4 이런 건물이 있어요

몸으로 따뜻함을 느낄 수 있는 미술관

[아즈미노 치히로 미술관]

나가노현 키타아즈미노군 마쯔가와무라

건물을 베리어프리화 시킬 뿐만 아니라 공간의 텍스처를 배려하여 질그릇 타일과 잎갈나무 등을 사용해서 고령자와 신체장애인들을 따뜻하게 맞이할 수 있도록 연구를 하고 있습니다.

외부와 일체화 된 공간만들기

아즈미노 치히로 미술관은 도쿄도 네리마구에 위치한 치히로 미술관이 비좁아진 관계로 개관 20주년을 계기로 건설되었습니다. 그림책 화가인 이와사키 치히로의 작품뿐만 아니라 세계적인 그림책 화가의 작품도 전시되어 있습니다.

새로운 미술관은「일상생활로부터 해방되어 느긋하게 시간을 보낼 수 있도록」설계되어 있고 잔디밭으로 나와 그림책을 보거나 바깥 바람을 쐬며 음료나 간식을 즐길 수 있는 외부와 일체화된 공간만들기를 진행하고 있습니다. 그래서 건물의 외관이나 내부의 마무리 등도 건물주위의 경관과 조화되도록 하고 있습니다. 이러한 시도들이 결과적으로 방문자를 따뜻하게 맞이하는 분위기를 만든다고 해도 과언이 아닙니다.

자연소재를 사용하여 촉감을 연구

구체적으로는

① 시각장애인을 건물입구까지 유인하기 위하여 점자블록을 질그릇 타일로 만들어서 주위에 융화되게 합니다.

② 건물은 단층이며 턱이 없고, 입구는 자동문으로 되어 있습니다. 벽재는 마쯔가와 촌의 모래를 반죽한 규조토를 사용하고, 바닥재는 신슈(信州)의 잎갈나무를 사용하여 자연의 촉감을 살렸습니다.

③ 휠체어 이용자가 사용하는 화장실의 벽도 규조토로 만들어 온화한 분위기를 자아내고 있습니다. 안에는 긴급 시에 호출할 수 있는 버튼이 두 곳에 설치되어 있습니다.

④ 이 밖에 공중전화기도 휠체어 이용자가 사용하기 쉬운 높이에 설치되어 있습니다. 이 건물은 하트빌딩법의 기준에 적합하여 나가노현의 인정(認定)을 받고 있습니다.

▶ 소 재 지… 나가노현 키타아즈미노군 마쯔가와무라 니시하라
사업주체… (재)이와사키 치히로 기념사업단
면　　적… 부지면적/ 8,000㎡
바닥면적/ 1,581㎡

미술관 입구. 질그릇의 점자블록과 잎갈나무 바닥재를 사용하고 있다.

사진제공 : 아즈미노 치히로 미술관

고령자와 신체 장애인에게 정다운 가게

[자스코 하트빌딩 설계기준]

이온그룹, 자스코 주식회사

예전부터 화장실이나 엘리베이터 등에서 신체 장애인 대응을 진행하여 온 자스코에서는 독자적인 「자스코 하트빌딩 설계기준」을 작성, 1999년 이후의 새로운 점포에서는 가능한 한 이 기준을 지키는 것을 방침으로 정하고 전 종업원의 계발(啓發)을 통하여 친절한 대응을 하도록 하고 있습니다.

자스코의 독자적인 기준을 작성

고령자와 신체 장애인이 이용하기 편안한 건축물을 만드는 것을 촉진하기 위해 만들어진 것이 하트빌딩법입니다. 이 하트빌딩법 제1호로 인정된 것이 1994년 12월에 미야기현에 오픈한 자스코 미나미점입니다. 자스코에서는 이것을 계기로 「자스코 하트빌딩 설계기준」을 작성하여 건축설비 공사기준법에 추가하였습니다. 이 기준은 하트빌딩법의 바람직한 기준을 충족할 뿐만 아니라 자스코의 독자적인 세심한 대응을 포함하고 있습니다.

구체적으로는

① 점포의 출입구는 기본적으로 턱이나 계단을 없앤다.

② 음성안내와 인터폰을 설치하여 도움이 필요한 사람의 안내를 한다.

③ 손님용 계단에는 양쪽에 2단 난간을 설치한다.

④ 매장 내 엘리베이터 중 한대는 장애인용으로 한다.

⑤ 일반 엘리베이터의 버튼도 위치를 낮게 한다.

⑥ 장애인 화장실은 다목적으로 사용할 수 있도록 하고 일반 화장실도 고령자용 손잡이를 설치한다.

⑦ 장애인 주차장은 가능한 한 입구 근처에 설치한다.

⑧ 택시정류장에서 가게의 출입구까지는 점자블록을 이용하여 유도하거나 안전한 통로를 확보한다.

⑨ 장애를 가진 종업원도 편안하게 일할 수 있도록 점포의 가게 뒤쪽도 배리어프리로 한다.

전 종업원을 교육하여 능숙하게 대응할 수 있는 서비스

자스코에서는 건물뿐 아니라 휠체어와 보행보조차량, 노인의 안경 등을 준비하고 그 밖에도 장애자용 자동판매기와 공중전화 및 팩스 등의 기구들을 도입하고 있습니다.

더욱이 주목해야 할 것은 특정 종업원이 아닌 전 종업원이 자연스럽게 장애인에게 서비스 할 수 있도록 수화나 휠체어를 다루는 방법, 맹인안내견을 대하는 방법 등의 강습을 받고 있습니다. 이러한 종업원의 계발활동이 일반 방문객에 대한 서비스의 재검토이기도 하다고 평가하고 있습니다. 1997년 1월 현재 자스코와 이온그룹을 합쳐서 49개 점포가 하트빌딩법의 인정을 받고 있습니다.

하나의 방안에 베이비시트, 장애인용 변기, 어린이용 변기가 설치되어 있어서 여러 사람이 사용할 수 있도록 되어있습니다.

사진제공 : 자스코 주식회사

하트빌딩이란 무엇인가?

칼럼

하타 메구미 (건설성 주택국 건축지도과)

하트빌딩이란 고령자 · 장애인 등이 원활하게 이용할 수 있도록 통로, 화장실, 엘리베이터 등을 배려한 건물이다.

하트빌딩법(정식명칭 「고령자, 신체장애인 등이 원활하게 이용할 수 있는 특정 건축물의 건축 촉진에 관한 법률」)은 건축물의 배리어프리화를 촉진하고 고령자와 신체장애인 등이 자립해 가면서 적극적으로 사회참여가 가능하도록 생활환경을 정비하는 것을 목표로 하여 1994년 9월에 시행되었다. 이 하트빌딩법에 따라서 병원이나 슈퍼마켓 등 불특정 다수의 사람이 이용하는 건축물의 설계 기준에는 휠체어와 사람이 같이 스쳐 지나갈 수 있는 폭이 넓은 복도, 휠체어 사용자가 이용할 수 있는 화장실, 시각장애인을 배려한 안내표시판의 정비를 하도록 하고 있다.

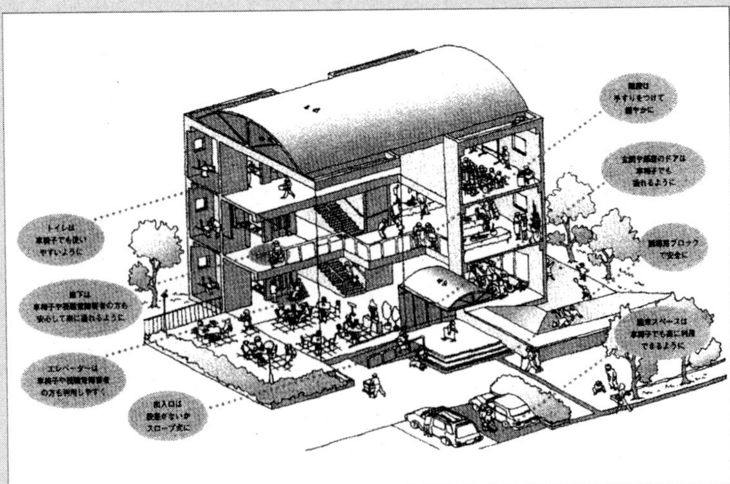

또한 건설성 대신이 결정한 유도적 기준에 적합한 우수한 건축계획으로 도도부현 지사(일본의 광역 행정구역)의 인정을 받은 건축물에 대해서는 보조와 저금리융자 등의 지원제도를 준비하고 있다.

하트빌딩법의 인정건축물에는 건물을 이용하는 사람들의 만남의 고리를 뜻하는「겹치는 두 개의 타원」이란 상징마크가 새겨진다. 이 같은 인정건축물은 1997년 1월 31일 현재, 전국에 300채가 있다. 하트빌딩법 시행 전후로 해서 지역의 특성에 맞는 각 지방 공공단체의 대처도 활성화되었고, 대부분 모든 도도부현에서 조례 혹은 지침 등이 제정되어 있다. 이러한 방법에 따라 많은 건축물이 하트빌딩(하트가 있는 빌딩)으로 정비되기를 바란다.

데이서비스센터와 보육원이 함께

[노나미 데이서비스센터 · 노나미 보육원]
아이치현 나고야시

편안한 표정으로 쉬고 있는 노인들 옆에서 신나게 놀고 있는 아이들의 모습. 이것은 누구나가 떠올리는 하나의 이상향입니다. 이런 공간이 마을 한쪽에 자리하고 있습니다.

보육원의 재축과 함께 데이서비스센터 신설

노나미 보육원은 예전 모습 그대로의 인삼밭과 잡목림이 남아있는 한편, 새로운 주택개발도 이루어지고 있는 나고야시 남서부 지역에 위치하고 있습니다. 노나미 보육원은 1970년부터 그 자리에서 지역의 어린이들을 돌보아 왔습니다. 하지만 이 건물이 노후해서 일부만을 남기고 다시 지어지게 되었습니다.

데이센터에서 쉬고 있는 고령자들

이 때 떠오른 것이 단순하게 보육원만을 재축하는 것이 아니라 지역의 급증하고 있는 노인들을 위한 장소도 같이 만들어보자는 생각이었습니다. 보육원은 말할 것도 없이 마을 사람들에게 필수 불가결한 존재이지만, 지역의 노인들에게도 이와 같은 장소가 동시에 필요했기 때문입니다.

그래서 보육원의 재건축과 함께 같은 부지 내에 데이서비스센터를 병설하게 되었습니다. 한편, 이웃한 부지에서 재택의료에 주력하고 있는 내과진료소와 협력하여 지역의 의료서비스를 연계하게 되었습니다.

재건 후의 보육원에는 0세부터 5세까지의 아이들이 재원(在園)하고 있습니다. 신설 데이서비스센터에서는 마을의 노인들에게 리허빌리테이션(재활치료훈련), 레크레이션, 식사, 입욕서비스 등을 제공하고 있습니다. 보육원과 데이서비스센터 건물은 중앙에 있는 정원을 중심으로 동그랗게 배치되어 있습니다. 건물은 분리되어 있지만 정원을 에워싸는 통로로 연결되어 있어서 여기서부터 보육원, 여기서부터 데이서비스센터라는 경계구분이 없습니다. 그리고 데이서비스센터 측면에는 자연 그대로의 흙을 쌓아올린 경사면이 만들어져 있습니다. 아이들은 그곳을 「점점 사면」이라고 부릅니다. 점점 사면을 따라서 데이서비스센터 옥상까지 올라가면 그 곳에는 전망 좋은 놀이터가 있습니다.

다 같이 시끌벅적 왁자지껄

노나미 데이서비스센터에 다니는 어르신들과 노나미 보육원의 아이들은 모두 사이가 좋습니다.

어르신들은 나무의 따스함이 좋고, 빛이 넘치는 넓은 방안에서 제각기 시간을 보내거나 레크레이션 등을 즐기고 있습니다. 잠시 엉덩이를 붙이려하지만 여기에는 똑같은 의자가 없습니다. 노인들은 각자 마음에 드는 의자를 골라서 앉아봅니다. 그리고 편히 쉴 수 있는 노천탕도 있습니다. 이곳에서는 시간이 느긋하게 흐릅니다.

한편, 원기 왕성한 아이들은 복도와 정원 구별 없이 뛰어다니고 있습니다. 그늘 속에서 무언가 생각에 잠긴 아이, 살며시 잠이 든 아이도 있습니다. 0세(한국에서는 한살) 아이는 등나무로 만든 유모차에 누워서 한가롭게 산책합니다. 가끔 통로를 건너가 몰래 데이서비스센터를 엿보는 아이도 있습니다. 선생님이 직접 아이들을 데리고 방문하기도 합니다. 빛에 이끌려 보육원 쪽 복도에서 헤매고 있는 어르신도 있지만, 이곳에는 특별한 구별도 장벽도 없어서 잠시 산책을 즐겨도 상관없습니다.

보육원으로 들어가는 문은 전망대 아래에 있어서 마치 참새의 집 같습니다. 둥지는 빛을 받아 은빛으로 빛나고 있습니다. 여기에는 노소(老少)가 혼연일체가 된 불가사의한 공간이 존재하고 있습니다.

▶ 소 재 지… 나고야시 텐하쿠구 후쿠이케 2-340
사업주체… 사회복지법인 노나미 복지회
면 적… 부지면적 / 3,517㎡
바닥면적 / 1,669㎡

전경

점점사면을 오르는 아이들

2층 평면도

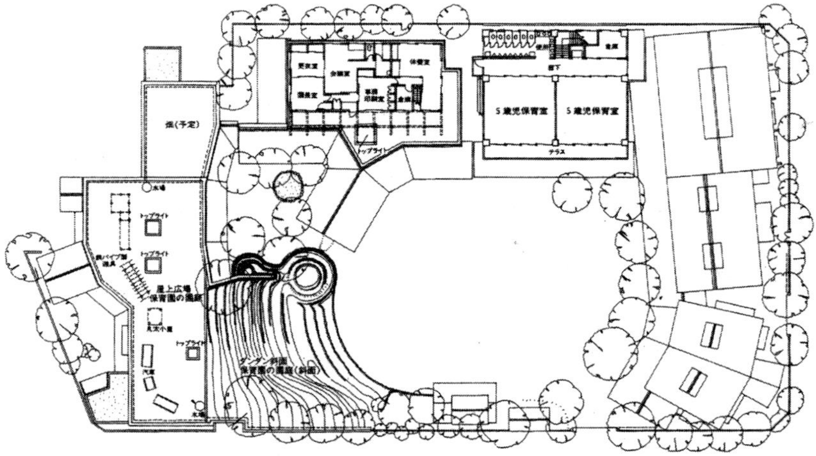

1층 평면도

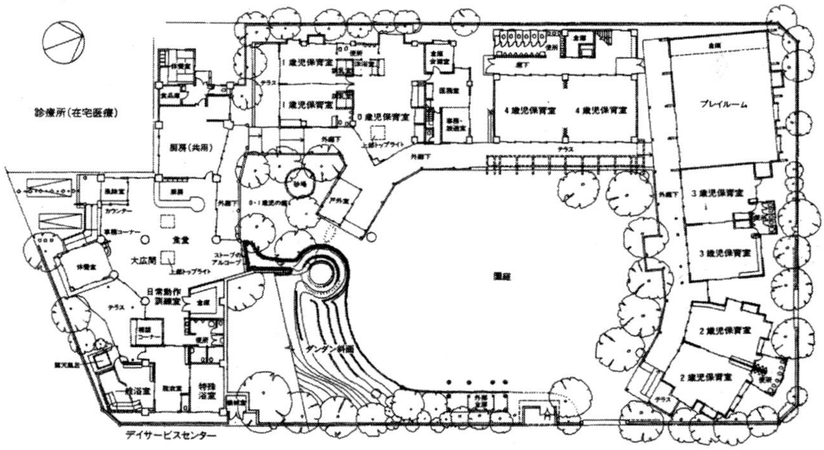

사진 및 자료제공: 노나미 복지회 · 오쿠테 계획공방
출처 : 「건축설계자료 57 지역복지시설」 건축자료연구사 간

초등학교의 여유교실이 데이서비스센터로

[우지시 고쿠라 초등학교]

교토부 우지시

초등 및 중등학교 빈 교실 증가의 문제와 부지 확보가 어려운 데이서비스센터의 정비문제를 한꺼번에 해결할 수 있는 방법으로 우지시는 「지방분권 특례제도」를 이용하여 전국에서 처음으로 초등학교 교실에 복지시설을 만들었습니다.

「지방분권 특례제도」로 복지시설의 전용(轉用)

교토와 오사카의 위성도시로 1960년대에 주택지개발이 진행되어 인구가 급증한 우지시는 1982년을 정점으로 초등학생의 수가, 1986년을 정점으로 중학생의 수가 줄어들기 시작하여 1998년에는 200개의 교실이 비게 될 것이라는 예측이 나왔습니다. 이 때문에 1990년 10월에 우지시 제2차 행정개혁심의회의 중간 답신에서 「빈 교실을 지역의 공공시설로 이용할 수 있도록 검토해 볼 필요가 있다」라는 의견이 나왔습니다.

한편 「노인보건 복지계획」책정을 위한 검토에서는 재택간호사가 필요한 고령자를 위하여 복지시설의 정비가 급선무로 취급되었

우지시 고쿠라 초등학교 외관

는데 시가지의 과밀화와 땅값의 폭등으로 인해 용지확보가 어려워 이에 대한 대처 방안으로 초등학교의 빈 교실의 활용이 검토되었습니다. 그러나 1993년 4월에 나온 문부성의 「여유교실 활용지침」에 사회교육과 문화활동 등이 요구된다고 하여 후생성 소관의 복지시설의 활용은 포함되어 있지 않았습니다.

그래서 우지시에서는 복지시설로의 전용을 특례로 인정받기 위해서 1993년 8월에 「지방분권 특례제도」의 파일럿 자치단체 신청을 하였습니다. 그 결과 「노인복지시설이 영리목적이 아니라는 것」 그리고 「전용의 결과, 교육활동에 지장이 없을 것」이라는 조건을 붙여 11월에 파일럿 자치단체의 지정을 받게 되어 데이서비스센터 등의 복지시설을 활용할 수 있는 길이 열리게 되었습니다. 이로 인해 1995년 4월에 문부성 교육지원국 시설지원과장 통달(通達)에서 간단한 절차를 거쳐 여유교실을 노인복지시설로 전용할 수 있게 되었습니다.

1, 2층은 복지시설로, 3층은 교육시설로

복지전용 최초의 사례가 된 곳은 3층짜리 건물의 12개 교실이 있는 고쿠라 초등학교 북관이었습니다. 이곳을 개조하여 1층에는 데이서비스센터를 2층에는 재택간호지원센터, 간호자교육실, 데이홈을 배치하고 3층에는 초등학교의 컴퓨터교실과 시청각실 등을 배치하였습니다. 학교운영에 지장을 주지 않기 위하여 3층에는 옆 건물의 남관과 연결되는 복도를 설치하고 노인복지시설에는 전용현관을 만들었습니다. 엘리베이터는 2층까지만 설치되어 있습니다.

우지시에서는 복지시설 정비사업 비용으로 1억9000만 엔(19억 원)과 학교의 교육시설 보수를 위한 정비 사업비로 7,100만 엔(7억 1천만 원)이 책정되었습니다.

우지시에서는 1996년 4월에 시내의 히라모리 초등학교에서 그리고 사이타마현 가와고에시, 도쿄도 쵸후시, 마치다시 등의 다른 지자체에서도 똑같은 시설전용을 시행하고 있습니다. 아울러 이러한 복지시설로의 전용에 드는 비용은 용지취득을 해야하는 신규건설과 비교하면 3분의 1에서 10분의 1로 감소된다고 합니다.

▶ 소 재 지… 교토부 우지시 니시바타케 1-4
사업주체… 우지시
면　　적… 바닥면적/1,117㎡ (복지부분, 1F·2F)

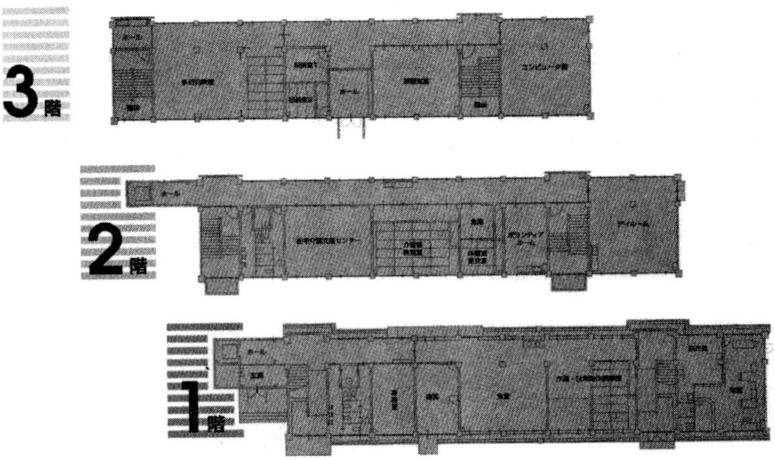

우지시 고쿠라 초등학교 · 데이서비스센터 평면도

사진제공 : 우지시

파일럿 지자체

지방분권을 추진하기 위해 자립 의욕과 능력이 있는, 원칙적으로 20만 명 이상이 살고 있는 도시를 중심으로 나라에서 파일럿 자치체로 지정하여 지정된 지자단체는 복지, 교육, 마을만들기 등 지역 만들기에 관한 국가적인 허가의 탄력적 운용, 일부 보조금의 일반 재원화 등 특례가 받아들여지는 제도. 1993년부터 1995년까지 지정되어 운용되었습니다.

일등지에 세워진 종합복지거점

[치요다구 이키이키 플라자 일번지]
도쿄도 치요다구

도심의 일등지에 특별양호노인 홈, 고령자주택, 고령자 재택서비스 센터, 온수 수영장, 다목적 홀 등이 있는 종합적인 복지거점이 정비되고 있습니다.

베리어프리의 고령자주택

1995년 오픈한 이 시설은 지하 2층에서 지상 8층까지의 건물로, 4층에서 6층까지는 특별양호노인 홈이 있고, 7층은 고령자주택이 있습니다. 특별양호노인 홈은 4인실을 중심으로 1인실과 2인실, 단기 체류형 침대를 포함해서 90개의 방이 준비되어 있습니다. 고령자주택은 독신용 13채, 세대용 2채로 바닥의 단차를 없애고 손잡이와 긴급통보장치를 설치하여 고령자가 생활하기 편하도록 배려해 놓았습니다.

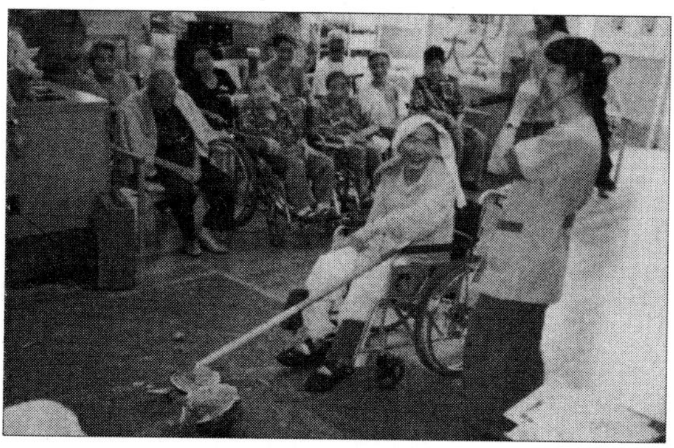

고령자 재택 서비스센터의 데이홈에서는
레크레이션이나 취미활동을 진행한다.

누구나 이용할 수 있는 온수 수영장 설치

다세대의 교류로 이어지도록 8층에는 온수 수영장과 건강코너가 마련되어 누구나 이용할 수 있게 되어 있습니다. 1층에는 커다란 정원로비와 구민갤러리, 레스토랑이 있고 지하 1층에는 약 200명 정도 수용 가능한 다목적 홀이 있어 각종 행사를 진행하고 있습니다.

● 단면 컨셉도

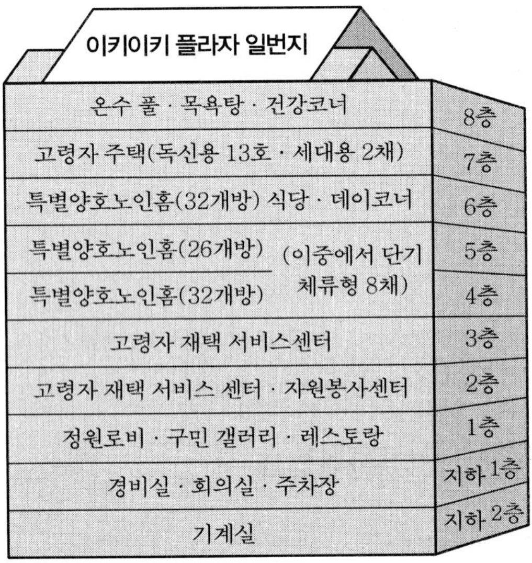

▶ 소 재 지… 도쿄도 치요다구 일번지 12-2
사업주체… 치요다구
면　　적… 부지면적/ 2,781㎡
바닥면적/ 11,562㎡

사진제공 : 치요다구

5 이런 지도와 정보가 있어요

외출 시 편리한 시스템-1

화장실 개방 (고베시 시민화장실)
효고현 고베시

가볍게 쇼핑을 하거나 밥을 먹는 등 여행을 하는 것은 즐거운 일이지만, 외출 시 화장실을 찾는 것이 어렵고 평소에 익숙하지 않은 길은 헤매게 된다. 이런 문제를 보완하고 편하게 외출할 수 있도록 하는 연구가 진행되고 있습니다.

외출 시에 제일 많이 찾게 되는 시설은 아마 화장실이 아닐까요? 공공시설이나 백화점 안에서는 안내판(사인)을 보고 어떻게든 화장실을 찾아갈 수 있지만 마을에서 산책을 하거나 야외에 있을 때, 화장실을 찾아가는 것이 큰 문제가 됩니다.

고령자는 화장실에 가는 간격이 짧은데, 외출 시에 화장실을 찾는 것이 문제가 된다면 외출의 즐거움은 반감될 것입니다.

고베시에서는 이런 화장실 사정을 해결하기 위하여 일반 시민의 사용이 많고 붐비는 지역에서 쉽게 이용할 수 있는 공공시설이나 민간시설 안의 기존 화장실을 화장실 관리자의 선의에 의해 개방하여 일반 시민이나 여행객 모두가 사용할 수 있도록 하고 있습니다. 이름하여 「시민 화장실!」

시민 화장실에는 통일된 표식이 붙어있고 고베시 종합안내 센터가 발행하고 있는 관광 안내지도에도 위치가 기재되어 있어 쉽게 화장실을 찾을 수 있도록 배려하였습니다.

1997년부터 시작되어 지금은 키타노마을을 기점으로 포트 아일랜드, 산노미야마을, 그리고 스마해안 주변에도 많은 시민화장실이 개방되어 있습니다. 아울러 적절한 유지관리가 가능하도록 민간시설의 경우 개방시간과 남녀공용 여부에 따라서 일정한 사례금을 지급하고 있습니다.

시민화장실 표시

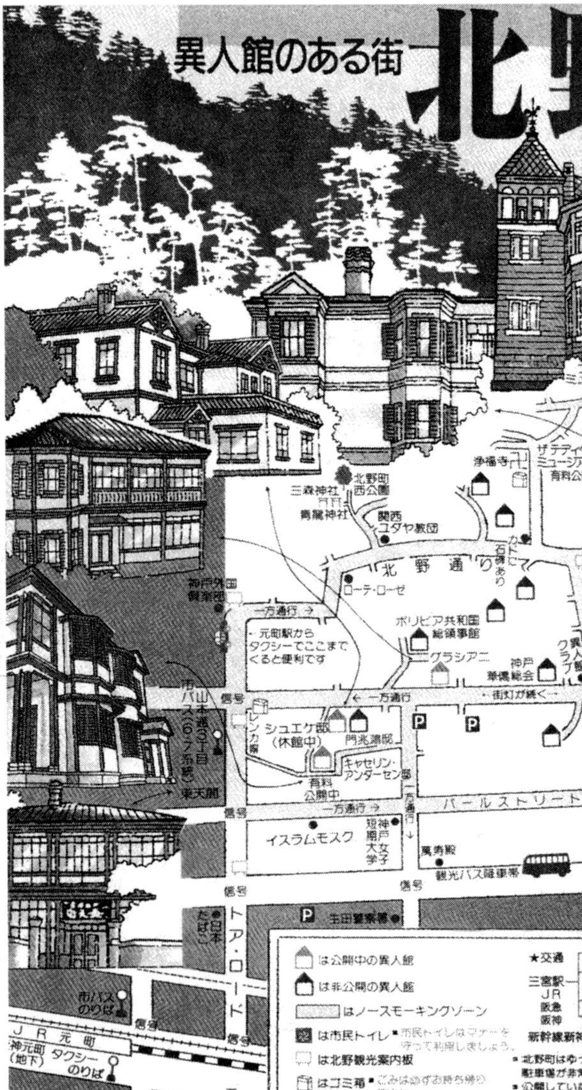

키타노마을 관광 안내지도

외출 시의 편리한 시스템-2

[편의시설 지도 작성]

고령자가 편하게 외출하거나 안심하고 생활할 수 있는 마을과 지역의 정보를 포함해서 고령자를 배려하여 편리한 시설 정보를 하나로 모은 지도가 다양하게 만들어지고 있습니다.

우리가 살고 있는 마을이나 여행지에도 고령자를 배려하여 마련된 편리한 시설이 많이 있을 것입니다. 고령자가 이용하기 쉽도록 정비되어 있는 시설이 어디에 있고 어떻게 구성되어 있는지 등의 정보가 하나의 지도(편의시설 지도)에 나타나 있다면 외출할 때나 여행 할 때 얼마나 편할까요? 어디로 가던 지 이 지도만 있다면 길을 헤매게 되는 일은 없을 것이고 행동범위도 지금 이상으로 넓어질 것입니다.

이 같은 편리한 지도(편의시설 지도)만들기가 여러 곳에서 진행되고 있습니다. 우리들이 사는 마을, 주변지역 편리한 지도의 대표 예로써 「타마시 복지 지도」(「타마시 복지 지도를 만드는 모임」 조사 · 편집 · 발행)가 있습니다. 이 지도에는 행정기관, 장애인용 화장실, 의료기관의 정보를 포함하여 쇼핑센터나 상점가 건물 출입구의 평탄함과 문의 종류, 휠체어전용 주차장, 엘리베이터, 에스컬레이터 등의 유무와 같이 고령자에게 도움이 되는 정보가 알기 쉬운 기호와 친근한 문장으로 소개되어 있습니다. 게다가 이 지도는 바인더로 잘 정리되어 있어서 나에게 필요한 정보만을 가져갈 수 있도록 고안되어 있습니다.

4. 묘진바시 거리

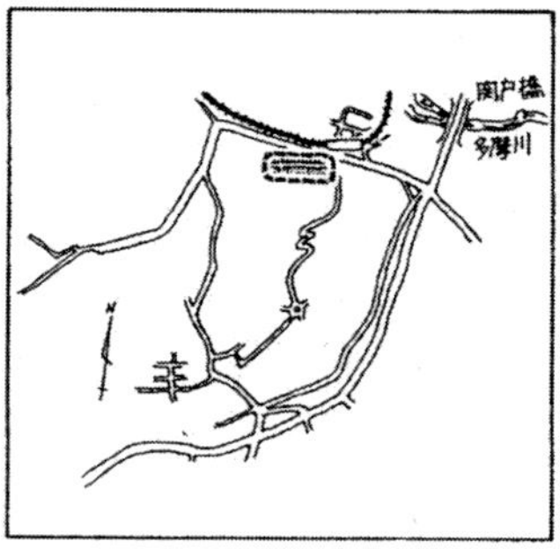

이 길은 벚꽃거리에서 묘진바시까지의 이치노미야 주택지 안으로 가는 거리입니다. 가와사키거리 도로변 뒷골목의 하나로 주위에 작은 가게가 있습니다. 타마시에 유일하게 남은 그리운 대중목욕탕도 있습니다.

세이유 앞~이치노미야 주택지 부근

한편 여행지에서 유용하게 쓰이는 광역적 지도의 대표적인 사례로 「교류 시코쿠-장애인 가이드 맵(교류 시코쿠 실행위원회)」이 있습니다. 이 지도에는 고령자나 장애인이 시코쿠 안을 여행할 때나 이동할 때 도움이 되도록 장애인전용 화장실을 시작으로 주요 관광시설과 병원, 미술관 등이 소개되어 있고 공공시설의 출입구, 화장실, 주차장 등 다양한 정보가 도로지도 위에 표시되어 있습니다. 또 숙박정보나 시코쿠의 이벤트 · 향토요리 등도 소개되어 있습니다. 이 지도만 있다면 시코쿠 여행은 도깨비 방망이가 되지 않을까요?

자료제공 : 타마시 복지 지도를 만드는 모임

고령자를 배려한 안내판(사인) 계획, 음성유도 시스템

칼럼

지하상가를 비롯해 고층빌딩이나 거대시설 등의 증가로 인해 균질한 공간(특징이 없고, 지금 자신이 어디에 있는지 알 수 없는 공간)이 증가하고 있으며 이런 곳에서는 목적지로 가는 길을 유도하는 안내판(사인)이나 음성에 의한 유도 등이 필요하다.

고령자는 나이가 들면서 보행능력 · 주의력 등의 기능 외에 시각 · 청각 등의 기능도 저하되기 때문에 그에 대한 여러 가지 연구가 이루어지고 있다.

안내판(사인) 설치에 있어서는 고령자의 눈으로 본 색이 본래의 색과 다르게 보이는 점에 유의하여야 한다. 색은 마치 노란 안경을 쓴 것처럼 보이게 되어, 예를 들자면 검정과 감색 등의 구분이 어렵게 된다. 따라서 명쾌한 문양으로 콘트라스트를 확실하게 하고 표시를 크게 하며, 장소에 따라 색과 모양이 맞지 않으면 오히려 헷갈리므로 안내판(사인)을 통일하는 것도 중요하다. 디자인상 아름다움과 동시에 읽기 쉽고 알기 쉬운 것이 중요한 요소이기에, 그림문자(픽토그램)를 사용하는 등의 연구도 진행되고 있다.

또한 고령자는 나이가 들면서 높은 소리나 작은 소리가 잘 들리지 않게 되는 점도 알아차리지 않으면 안 된다. 경보음이 들리지 않아서 고령자가 위험한 상황에 처하게 되는 경우도 상정하여야 된다. 음성으로 유도하는 안내 시스템을 계획하는 경우에는 마을의 소란스러운 소리에 묻히지 않게 하고, 듣기 쉽고 이해하기 쉽도록 만들어야 한다.

● 픽토그램 예시

 출입구는 평평합니다

 출입구에 슬로프가 있습니다

 출입구에 단차가 있습니다

 출입구에 계단이 있습니다

 남성 휠체어 사용자 전용 화장실이 있습니다

 여성 휠체어 사용자 전용 화장실이 있습니다

 남녀공용 휠체어 사용자 화장실이 있습니다

 에스컬레이터가 있습니다

 상승 전용 에스컬레이터가 있습니다

 시설 안에 유도 점자블럭이 있습니다

 간호서비스가 있습니다

 팩스서비스가 있습니다

 구급고시 병원입니다

 휠체어 겸용 엘리베이터가 있습니다

 일반인용 엘리베이터가 있습니다

 휠체어 사용자 전용 주차장이 있습니다

 일반인용 주차장이 있습니다

 휠체어를 마련해 놓았습니다

 휠체어 사용자 전용시설이 있습니다

 휠체어 사용자도 이용할 수 있는 공중전화가 있습니다

고령자에게 도움이 되는 최신정보 수집 (인터넷 활용) 음성유도 시스템

칼럼

고령자가 안심하고 밖으로 외출하기 위해서는 이용하기 쉽도록 정비되어있는 시설이 어디에 있으며 어떤 고안이 되어 있는지에 대한 정보(예를 들어 건물 출입구의 평탄함, 출입구의 슬로프, 휠체어 전용 주차장, 휠체어 전용 화장실 및 남녀 구별, 휠체어 전용 엘리베이터와 에스컬레이터 등의 유무)를 편하게 접할 수 있는 것이 중요하다.

또한 이런 정보는 외견상의 기능만이 아닌 실제 사용해보고 정말 편한 것인지를 확인할 것, 그리고 일상적인 점검조사에 의해 계속적으로 갱신(更新)이 이루어지도록 할 필요가 있다.

요즘 화제가 되고 있는 인터넷에서는 이러한 조건을 갖추어 고령자에게 도움이 되는 최신정보 및 시설을 쉽게 접할 수 있다.

이를테면 휠체어로 이용 가능한 레스토랑에 대한 정보나 화장실 정보를 알 수 있다. 이러한 정보는 휠체어를 실제로 사용하고 있는 분이나 자원봉사자 분들이 직접 체험해보고 이용자의 입장에서 유용한 정보를 모아놓은 것이다. 한편 이렇게 정보를 입수한 사람이 직접 그 시설에 가서 이용해보고 체험후기 등을 새롭게 추가할 수 있다. 정보를 제공하는 사람과 받는 사람 사이에 간단없는 정보의 갱신이 이루어지고 있다.

더욱이 가까운 미래에 텔레비전과 같이 안방에 침투해서 주위의 정보 수집을 위한 도구가 되지 않을까 기대하고 있다.

당신도 기회가 된다면 꼭 한번 고령자 관련 홈페이지에 들어가서 시설을 이용해보고 모니터링 결과를 남겨 보는 것은 어떨까?

● 고령자 관련 홈페이지

(1997년 5월 18일 현재)

산책왕	http://www.big.or.jp/~baron/asobo/barrierfree.html
모모와 그의 가족	http://www.asahi-net.or.jp/~SK6K-YSD
장신구	http://www.butaman.ne.jp:8000/~hmt4649
우짱의 산책 화장실 맵	http://www.kcn.or.jp/~ehoba
코니시 쿠니유키의 홈페이지	http://www02.so-net.or.jp/~konin
후쿠이현 휠체어 모임	http://www.mitene.or.jp/~poppo
포트 택시	http://www.warp.or.jp/porttaxi
내 마음대로	http://www.bekkoame.or.jp/~k-mamoru
친근한 건축 · 주택 추진협의회	http://www.jaeic.or.jp/hyk
하나의 옛날이야기	http://www.jca.or.jp/~turuta/welfare
V-CITY 복지거리	http://www.jcsnet.or.jp/V-CITY/welfare
M@csalon	http://sss.k-isit.or.jp/macsalon
마음 Web	http://www.ibm.co.jp/kokoroweb
배리어프리 협회	http://www.laterra.or.jp/bfa/index.html
배리어프리 타운	http://www.village.infoweb.or.jp/~fwhk4954

※ 인터넷 홈페이지는 자주 갱신되므로 내용이 변경될 수 있습니다.

III.

이런 곳에서 살고 싶다

❶ 이런 주택단지가 있어요

❷ 이런 생활도 있어요

III. 이런 곳에서 살고 싶다

주택은 생활의 장으로 그 역할이 아주 중요하다. 가능한 한 익숙한 자신의 집에서 생활하고 싶다. 그러기 위해서는 자택에서 생활할 수 있도록 하고, 간호받기 쉬운 환경이 되어있지 않으면 안된다. 집 안 바닥의 문턱 제거와 넓은 복도, 보조 손잡이 설치 등과 같은 설계상의 연구가 긴요하다.

그러나 고령자가 되어서 이사를 하거나 개선하거나 한다는 것은 힘든 일이다. 처음부터 배리어프리화가 가능하도록 준비한 주거를 만들어 나가는 것, 이것이 고령사회의 모든 주택에 필요하다.

또한 앞으로 고령자 가구가 지속적으로 늘어날 것이라고 예상하고 있다. 고령자의 생활에는 긴급시의 대응은 물론이거니와 평소 이웃과의 교류가 중요하다. 꼭 가족이 아니더라도 근처에 사는 이웃끼리 서로 도울 수 있는 구조가 필요하다. 그래서 하나의 건물 안에 여러 세대가 모여 원만한 커뮤니티를 형성하는 주거형태나, 공용부분을 공동으로 사용함으로써 가족과 같은 관계를 맺을 수 있는 주거형태를 지향하는 것이 아닐까?

그리고 고령기에는 복지 서비스의 지원을 적절하게 받을 수 있는 환경이 필요하다. 일상적으로 서비스를 받을 수 있는 주택이나 비상시에도 도움을 받을 수 있는 주거를 지향하는 이들이 증가하고 있다.

아울러 생활 대부분의 시간을 집 주위에서 보내는 고령자에게 있어서 주택지 전체가 따뜻하고 매력적이면 더욱 좋겠다. 주택지의 커뮤니티를 유지하기 위하여 고령자의 역할은 매우 크다. 사람들과의 교류와 삶의 보람을 찾기 위한 주거형태가 곳곳에서 생겨나고 있다.

1 이런 주택단지가 있어요

주거와 지역복지가 하나가 된 주택단지

[아쟈 단지]
오키나와현 나하시

다세대간 교류, 복지시설과의 병설에 의한 안심의 확보를 노린 단지로 실버하우징에 보육원, 데이서비스 센터, 특별양호 노인홈이 합축 · 병설된 단지가 건설되어 있습니다.

합축과 분동(分棟)의 장점을 살리다

아쟈 단지의 배치계획은 양호한 자연환경의 형성을 도모할 것, 다양한 공간의 창출, 초등학교나 인접 주택지와의 일체성을 높이기 위해 분동에 따라 건물이 배치되어 있습니다. 실버하우징 동은 8층 건물로, 1~2층은 약 60명 정도 수용 가능한 보육원이 있고, 2~8층까지는 실버하우스로 되어 있습니다. 동측에 위치해 있는 아쟈초등학교 운동장을 볼 수 있으며 꽃나무, 잔디, 빗물을 이용한 시냇물 등이 있는 개방적인 광장에 접해 있습니다.

특별양호 노인홈 동(棟)은 6층 건물로, 1~6층은 105명이 수용 가능한 특별 양호 노인 홈이 있고, 1층에는 재택간호 지원센터, 2층에는 생활상담 · 휴게실이 배치되어 있습니다. 실버하우징 동과 연결되는 통로를 마련해, 라이프 서포트 어드바이저가 대응하기 편하도록 설계하였습니다.

실버하우징 동, 특별양호 노인홈 동, 공영주택 동으로 나누고 유기적으로 연결하여 관리의 편의성, 상호 교류와 서포트 체계 등의 장점들을 두루 갖춘 단지입니다.

▶ 소 재 지… 오키나와현 나하시 아쟈
사업주체… 나하시
면 적 등… 부지면적 / 8,772.62㎡ | 동수/ 4동
호수/ 공영주택 151호(그 중 실버하우징 39호)
부대시설 / 특별양호 노인홈, 보육원, 데이서비스 센터,
재택간호 지원센터, 노인 쉼터 집, 아동관, 아동클럽

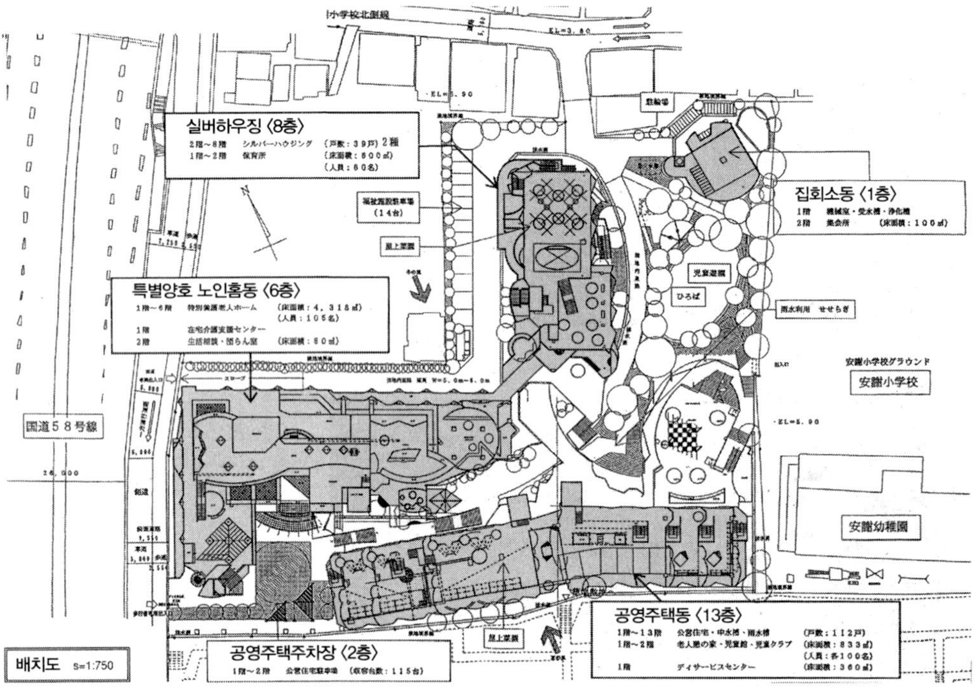

자료제공 : 나하시

골프장과 하나가 된 고령자들을 위한 뉴타운

[건강과 보람의 거리 미나기노모리 숲]
후쿠오카현 아마기시

1,030호의 주택전체가 고령자용이며, 24시간 보안체제를 완비하여 골프장을 에워싸 배치한 뉴타운이 탄생했습니다.

「미나기노모리 숲」이라고 이름 붙여진 이 뉴타운은 후쿠오카현 아마기시 교외의 구릉지에 펼쳐지는 민간이 개발한 뉴타운입니다. 총 면적 약 127만㎡의 부지는 주택 존, 커뮤니티 존, 골프 코스 존으로 나뉘어져 골프장을 둘러싸고 주택이 건설되었습니다.

집합주택 내의 화장실, 목욕탕 등에 손잡이를 설치해 놓았고 방문에는 턱도 없습니다. 그리고 각 동에 비상통보장치, 방범·방재 센터가 마련되어 있어 이상이 생기면 관리센터에 통보되어 관리담당자가 24시간 체제로 대응합니다.

입주자는 보안시설 등의 사용료로 계약 시에 70만 엔(700만 원)을 일괄 지급하고, 관리비로 매월 1만 엔(10만 원)을 지불하게 되어 있습니다.

미나기노모리 숲의 집주변

미나기노모리 숲의 대표적 존재인 골프장은 9홀, 파36 (그린 2개, 2라운드 파72), 전장 3,200야드의 기복이 심한 코스로 입주민은 입회금에서 50만 엔(500만 원)이 면제됩니다.

당초 고령자 세대의 응모를 상정했지만, 앞으로 고령사회를 맞이하는 중견세대에 의한 구입과 고을 밖에서의 문의도 이어져, 고령기를 맞이하는 세대들의 고향으로의 유턴이 시작되고 있습니다.

사진 및 자료제공 : 서일본 진흥 주식회사, 중앙흥산 주식회사

미나기노모리 숲의 거리

커뮤니티 센터

▶ 소 재 지… 후쿠오카현 아마기시
사업주체… 서일본 진흥 주식회사
면 적 등… 부지면적 / 약127만㎡
호수 / 1,030호

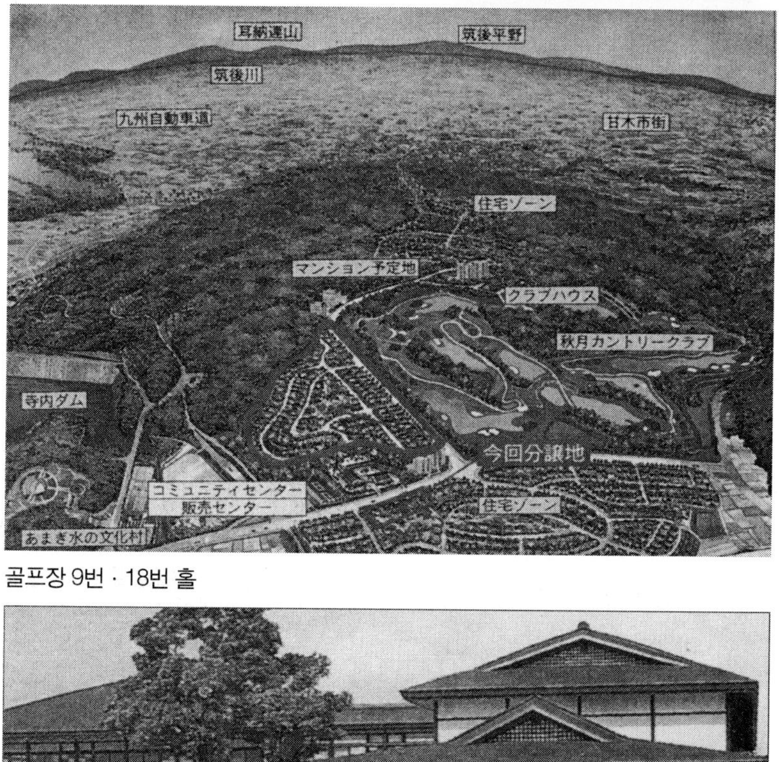

골프장 9번 · 18번 홀

골프장 클럽 하우스

세대를 뛰어 넘는 휴식, 배움, 생활하는 마을

[코가노모리 단지]

교토부 교토시

주택을 포함하여 생애학습을 지원하는 시설과 도서관 등의 문화시설, 슈퍼마켓 등 구매시설을 갖춘 뉴타운이 정비되었는데, 각종 시설은 단지의 거주자뿐만이 아니라 지역 주민에게도 폭넓게 이용되고 있습니다.

코가노모리 단지는 「물과 녹지와 건강」을 개발이념으로 교토시 주택공급공사가 1986년부터 개발을 진행하고 있는 「영주형 주택단지」입니다. 이 단지의 각종 시설은 단지주민뿐만 아니라 지역주민도 대상으로 한 시설입니다.

구체적으로 주택은 고령자를 위한 주택, 시영주택, 공사주택을 포함하여 모두 457호가 공급되어, 단지 내에는 문화 · 교양시설인 생애학습 플라자, 도서관, 테니스 코트가 있고, 일상 구매시설인 슈퍼마켓, 음식점, 미용실, 금융기관도 있습니다.

특히 시니어주택은 프런트, 로비, 다목적 홀, 공동욕실 등의 공용시설은 말할 것도 없고, 전용부분에는 휠체어의 이동을 고려한 공간 확보, 보조 난간 설치, 긴급통보 서비스 제공 등 일상의 삶부터 긴급 시의 대응까지 세세한 배려가 되어 있습니다.

시니어주택 완성 예상도

한편 인접하고 있는 제휴병원에서 정기 건강진단, 주택간호 서비스, 가사보조 서비스 등과 같은 서비스를 받을 수 있습니다. 또한 입주자는 시니어주택 임대차 계약까지 생명보험회사의 「일시불 종신연금보험」에 가입하여 그 연금을 집세에 충당하는 구조로 되어 있습니다.

다양한 사람들이 모이는 마을, 한 사람 한 사람에게 매력적인 뉴타운이 형성되어 가는 것이 기대됩니다.

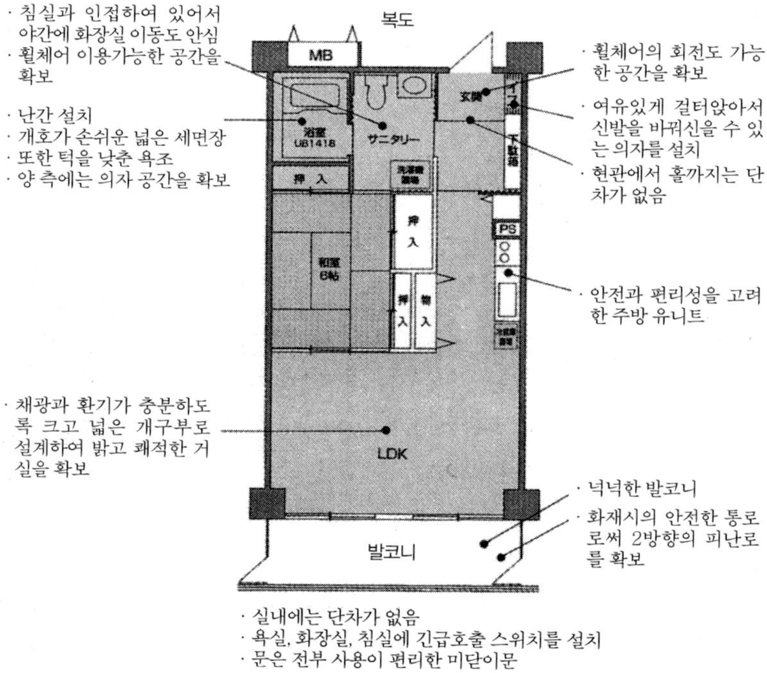

시니어주택 방배치의 예

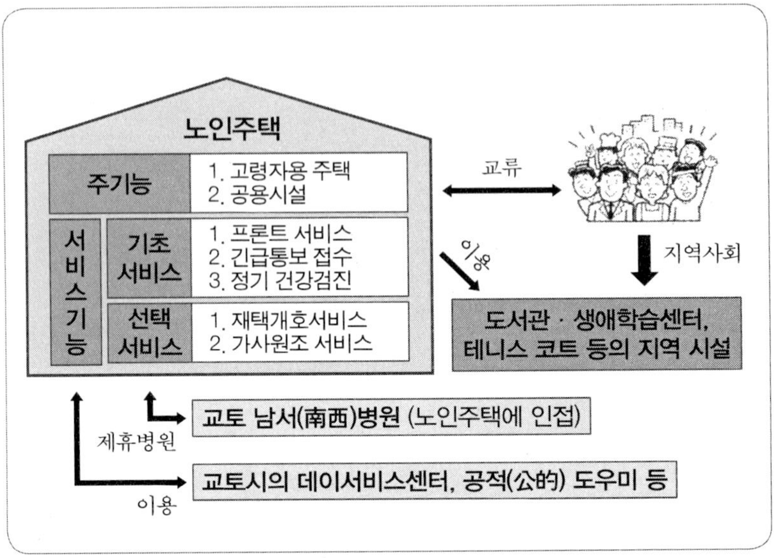

시니어 주택의 개념

학습 플라자

학습 플라자 안에서의 도예교실 풍경

데이서비스 센터
(앞은 시니어주택 건설 예정지)

공영주택

단지계획도

▶ 소 재 지… 교토시 후시미구 코가 아즈마쵸
사업주체… 교토시, 교토시 주택공급공사
면 적 등… 부지면적/ 약 127만㎡ | 계획면적/ 약 94,000㎡
계획호수/ 457호
(시영주택 202호, 시니어주택 72호, 공사주택 등 183호)
단지시설/ 생애학습 플라자, 도서관, 테니스 코트,
데이서비스 센터, 케어하우스, 병원 등

시니어주택이란 무엇인가?

시니어주택은 중견근로자의 고령기를 상정한 것으로 고령자 독신 · 부부세대를 입주 대상으로 하여 1990년도부터 공급되고 있으며 다음과 같은 특징이 있다.

① 고령자를 배려한 사양 · 설비의 주택
② 고령자 일상의 안전을 확보하는 기본적인 서비스 제공
긴급시의 대응, 안부확인, 생활상담, 건강상담 등
③ 고령자를 배려한 집세 지불 방식
- 일시 지불방식 (입주금 방식, 종신연금활용 등)
- 일시 지불 · 월 지불 병용방식

사업주체는 주택 · 도시정비공단 및 고령자 주택재단의 인정을 받은 지방주택공급공사, 공익법인 또는 민간법인이다. 아울러 시니어주택은 주택금융공고융자 우대조치를 받을 수 있다. 한편 계획책정비, 건설비에 대해 국가 및 지방공공단체의 보조제도도 마련되어 있다.

실버 하우징 프로젝트란 무엇인가?

칼럼

고령사회를 맞이하는 2015년에는 고령자를 포함한 세대가 전세대의 거의 4할에 달하고, 그 반이 독신·부부세대가 된다고 추계되어 있는 바 고령자 세대의 주택생활을 지원하는 체제를 준비하는 것이 긴급하게 요구되어지고 있다.

이 때문에 1987년도부터 주택국과 복지국이 연계하여 일상생활상 자립 가능한 고령자 독신세대, 부부세대 등을 대상으로 재택생활을 지원하는 「실버 하우징 프로젝트」를 실시하고 있으며 1997년 3월말 현재 172단지, 4,109호가 관리되고 있다.

실버 하우징 주택은 복도의 보조 손잡이와 긴급통보장치 등 고령자의 안전을 배려한 설비·사양으로 복지국에서 라이프 서포트 어드바이저(LSA : 생활보조사)가 가까이서 생활 상담이나 긴급시의 대응을 하는 사람이 공동생활하거나 또는 파견되고 있다. 사업주체는 지방공공단체, 주택·도시정비공단 등이다.

도쿄도에서는 1987년도부터 실버 하우징 제도를 활용하여 「실버피아」를 진행하고 있다. 1993년 8~9월에 실시한 실버피아 거주세대 조사에 의하면 입주해 보니 좋다는 사람이 약 9할로 높았고 안심·안전에 관한 평가도 높고, 실버피아의 특징인 「생활보조사(와덴)가 있다는 것」「긴급 통보 시스템의 설치」「고령자 사양 주택」이 그 다음으로 높다.

요코하마시에서는 1992년도부터 토지 소유자 등이 건설한 주택을 임차 또는 매입하는 특정 임차·매입 임대주택제도(실시 당시는 지역특별 임대주택의 복지형 임차 B형)를 이용하여 「시니어 리브 인 제도」를 실시하고 있다. 시니어 리브 인에서는 시내 민간주택을 공사가 빌려서 고령자에게 임대하여 집세의 일부를 보조하고 있다. 또 긴급 통보시스템 및 생활 상담실을 마련하여 라이프 서포트 어드바이저를 파견하는 형태로 진행되고 있다.

● 개념도

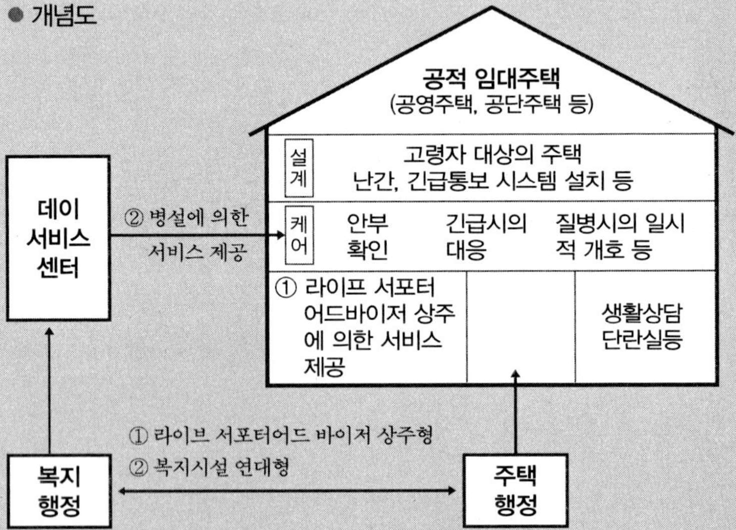
공적 임대주택
(공영주택, 공단주택 등)
설계
고령자 대상의 주택
난간, 긴급통보 시스템 설치 등
케어
안부 확인
긴급시의 대응
질병시의 일시적 개호 등
① 라이프 서포터 어드바이저 상주에 의한 서비스 제공
생활상담 단란실등
데이 서비스 센터
② 병설에 의한 서비스 제공
① 라이브 서포터어드 바이저 상주형
② 복지시설 연대형
복지 행정
주택 행정

서스테이너블(지속 가능한) 커뮤니티

칼럼

서스테이너블 커뮤니티는 현재 미국에서 진행되고 있는 마을만들기의 새로운 개념이다. 1986년 피터 칼 소프의 저서에서 비롯되었는데, 미국의 도시계획가·건축가가 기존에 실시하던 도시만들기 방식과 달리 인간미 넘치는 생활의 장을 제공하는 마을만들기를 제창하고 있는 것이다. 서스테이너블 커뮤니티는 자동차 의존, 석유자원 대량소비, 오픈 스페이스 기반의 상실, 무제한·무질서한 교외 발전형 개발, 커뮤니티 의식 상실 등과 같은 기존 방식을 반성하여 보다 강한 커뮤니티 의식과 지속 가능한 구조를 지닌 마을을 만들려는 것이다.

특징은 다음과 같으며 이를 토대로 몇 가지 프로젝트가 진행되고 있다.

- 주민이 자랑할 수 있는 아이덴티티를 보유
  건물과 랜드마크/ 역사와 전통을 소중히 한다/ 주민참여의 촉진
- 자연과 공생을 도모하다
  녹음이 풍부한 커뮤니티/ 음식의 생산
- 자동차 이용을 줄이는 교통체계
  최대한 보행을 중심으로 하고 자전거·버스·노면전차 등의 대중교통을 이용
- 직장과 근접한 복합 용도화
  보행권에서 상업시설·공업시설 등 커뮤니티와의 공존/ 하나의 건물 안에 상업 주거 혼재
- 매력 있는 오픈 스페이스
  광장/ 녹지/ 자연보호녹지

- 다양하고 개성있는 주거
  마을만들기의 기본적인 규약(주민협정 등)/ 획일적이 아닌 개성적인 주거 만들기/ 여러 사람들이 거주할 수 있는 다양한 주택 타입
- 에너지 절약 · 자원 절약 도모
  자연 배수구/ 물의 재활용/ 태양에너지 이용/ 폐기물의 재활용/ 성(省)에너지 건물

이 개념은 미국의 종전 도시만들기의 반성에서 비롯된 것으로 일본의 도시만들기에 적합하지는 않지만 컴팩트(Compact)한 마을만들기를 지향하고 있는 점과 사람을 중심으로 교류를 확대하고 있는 점, 소프트한 커뮤니티 방법론을 언급하고 있는 점 등이 앞으로의 고령사회를 위한 마을만들기 방법에 크게 참고가 될 것이라고 생각한다.

참고문헌 : 서스테이너블 커뮤니티
(가와무라 켄이치, 코가도 히로유키 지음) 학예출판

2 이런 생활도 있어요

고령자와 학생들이 어울려 살아간다

[유우히가오카 교류 단지]
홋카이도 오토후케마을

고령자를 위한 공영주택과 학생들을 위한 주택을 합축하여 지역 학생들과의 교류와 고령자의 안심 · 안전의 확보를 겨냥한 주택이 제공되고 있습니다.

오토후케마을에서는 고령자만의 가구가 전체 가구의 1할을 넘고 그 중에서도 혼자 사는 노인의 수가 매년 증가하고 있어 고령화 문제가 눈에 띄게 부각되고 있습니다.

이 같은 상황에서 세대 차이를 극복하여 고령자와 젊은이들이 함께 어울려 즐거운 삶을 보내고 싶은 마음에서 오토후케마을에서 시범적으로 실시하고 있는 것이 이 만남의 주택입니다.

이 주택은 마을 단독비용에 의한 학생 입주부분과 고령자용 공영주택이 합축되어 있습니다.

휴게실에서의 교류회 모습

고령자용 공영주택이 1층에 4호, 학생용 주택이 2층에 4호가 있으며, 1층에는 일본식과 서양식 휴게실이 있습니다. 고령자용 주택 내부에는 문턱을 없애고 난간설치 및 긴급 통보 시스템을 마련해 놓았습니다.

만남의 주택에 입주하는 대학생은 마을 안에 있는 전문대학 간호복지과 학생으로 고령자와의 상호이해를 증진시킴과 동시에 학생들의 체험학습의 장이 되고 있습니다. 휴게실에서는 정기적으로 교류회를 열어서 함께 즐거운 한때를 보내기도 합니다.

만남의 주택단지는 대중교통과의 연결이 잘 되어있어 학생들의 통학이나 고령자의 병원 및 쇼핑 등의 이동이 매우 편리합니다. 또한 데이서비스 센터 등이 가까이에 있어 고령자들은 안정된 생활을 할 수 있습니다.

가족세대와 고령자세대의 주택을 병설하거나 보육원과 합축하는 등 고령자와 청년세대의 교류를 위한 다양한 시도가 이루어지고 있는 가운데 고령자뿐만 아니라, 세대 간의 교류를 도모하기 위해서는 입주자가 서로 생각을 나눈다는 것, 방의 배치를 연구하고 교류회를 여는 등 작은 고안들을 마련하는 것이 중요합니다.

유우히가오카 만남의 단지 전경

고령자용 욕실

보조 손잡이가 달린 복도

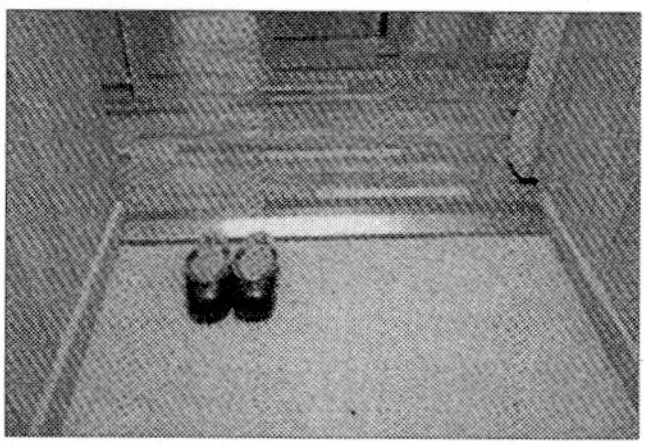

문턱이 없는 현관

고령자용 주택내부

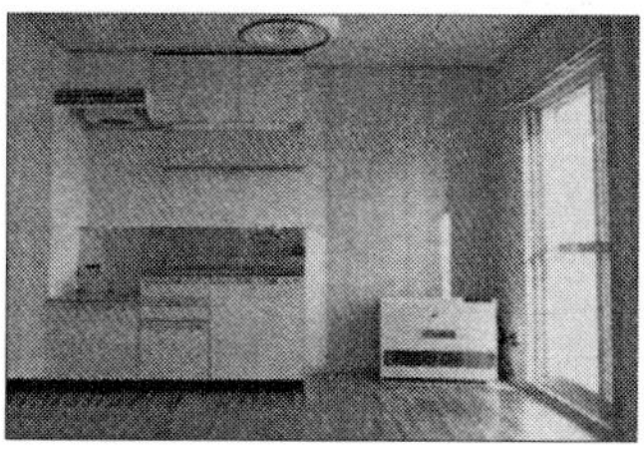

서양식 휴게실

▶ 소 재 지… 홋카이도 가토군 오토후케쵸 유우히가오카
사업주체… 오토후케마을
면 적 등… 호수/ 16호 동수/ 2개동

1층 평면도

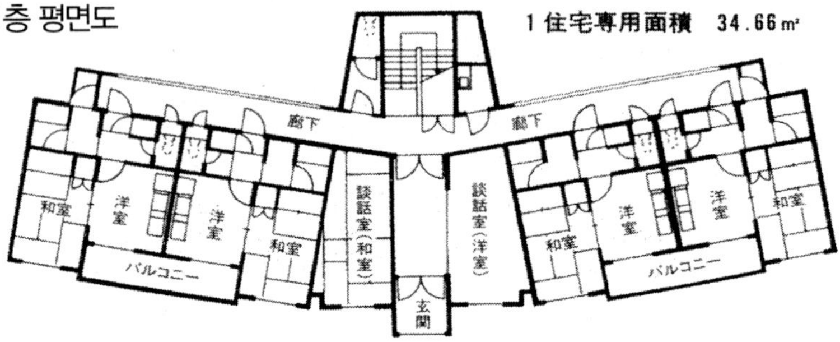

2층 평면도

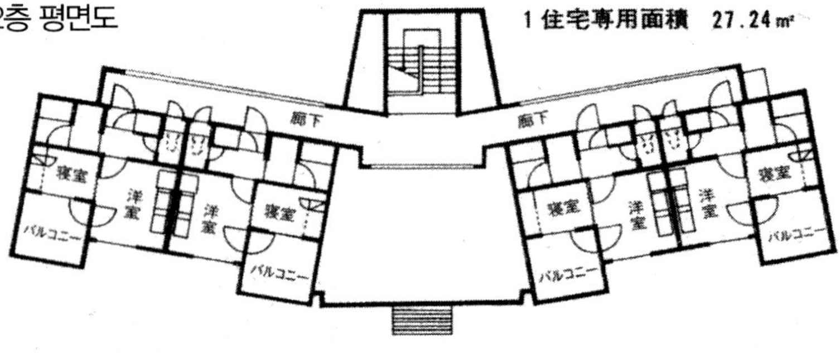

정보제공 : 세토구찌 고 (홋카이도대학 공학부 조교수)
사진 및 자료제공 : 오토후케마을

콜렉티브 하우징(Collective housing)

칼럼

고타니베 이쿠코 (일본여자대학 주거학과 교수)

1. 공동사회주택 (콜렉티브 하우징 : Collective housing)이란 무엇인가?

Collective housing이란 사적인 주택에서 식사나 즐거운 모임 등 일상적인 공동생활의 장을 포함한 집합주택이다. 근원은 19세기의 사회주의 유토피아 사상이나 20세기 초두의 페미니즘 운동, 건축기능주의 등을 배경으로 비롯된 주택양식이다. 거주자가 참가하는 현대적인 collective housing은 1970년대에 시작되어, 구미에서는 맞벌이하며 육아 중에 있는 가족과 한 부모 가족, 노쇠한 독신생활자와 성 에너지나 환경문제에 관심이 있는 사람 등 모든 세대가 포함되어 있고 공적으로도 지원되고 있다.

건축계획으로는 독립된 주택과 함께 공용공간(주방, 식당, 응접실, 세탁실, 취미실 등)이 마련되어 있고 공용공간의 사용방법이나 관리 · 운영 방법은 입주자의 합의에 의해 결정된다.

각자가 독립된 주택에 살면서 공용공간을 중심으로 공동체 생활이 전개됨으로써 안전성, 편리성, 함께 사는 즐거움, 심리적인 안정감이 생기는 등의 장점이 있다.

일본에서도 고령사회에 대응해「함께 사는」장점을 살린 주거방식으로 최근 주목을 받고 있으며 특히 한신 · 아와지 대지진 이재민을 위한 공영주택에 대해서 고령자를 위한 공동사회주택의 시도가 착수되었다.

공동사회주택 중에서 특히 고령사회에 대응하는 테마를 가진 사례를 소개하기로 한다.

각 주택의 발코니가 포인트인 남쪽 외관

식당에서의 식사풍경

2. 장년층이 선택한 콜렉티브 하우징

[펠드크네펜] 스웨덴

펠드크네펜은 스톡홀름 남부역에 가까운 편리한 도심에 위치한 콜렉티브 하우징으로 1993년 6월에 완성되었다.

「아이들이 성장하여 독립한 후에는 이전까지 살고 있던 큰 집을 아이들 세대에게 물려준다. 그리고 부모세대는 본인의 집은 작지만 편리하고, 사회참여와 상호부조가 가능한 또 다른 집을 아직 충분히 힘이 있을 때 자신들이 주체가 되어 만들자」라는 명쾌한 사고방식을 가진 50대를 중심으로 입주자가 기획부터 설계까지 주체적으로 참가하여 6년에 걸쳐 실현한 것이다.

입주조건은 40세 이상으로 동거하는 아이가 없어야 한다.

각각의 주택은 36~76㎡(원룸~2LDK)이지만, 각 입주자가 임대면적의 약 13%씩을 공출하여 생긴 약 500㎡의 공간을 이용하여 공동주방과 식당을 비롯한 다양한 공용공간을 만들었다. 그 내용이나 배치, 성능에 관해서는 입주자의 의견이 반영되어 있다.

협동주거의 중심에는 6주에 한 번씩 번갈아가며 5일(월요일부터 금요일까지 저녁식사)동안 식사를 준비하는 것이 있다. 8~9명이 한 조가 되어 5일 동안 음식을 만들고 정리하는 작업을 하는데 바쁜 스케줄이나 경우에 따라서는 조정이 가능하다. 식사를 함께 할지 안 할지의 선택은 자유이다.

또한 원래 관리회사가 하는 공용공간의 청소, 수목과 정원관리 등을 주민자치조직인 거주자조합이 대행하여 집세의 일부를 환급받아 공동생활에 필요한 것을 사거나 활동자금으로 충당하고 있다.

현관에서 식당, 다목적거실, 재봉실 등을 볼 수 있다

콜렉티브 하우스를 위해 개발된 아일랜드형 유닛 키친의 넓은 주방

서적이 있는 다목적 거실에서 느긋하게

사진 : 고타니베 이쿠코

모두가 모여 함께 사는 곳

[LB 하우스]

야마구치현 시모노세키시

개인들이 모여 함께 생활하는, 정기 차지권(借地權)을 활용한 콜렉티브 하우징 시스템이 시행되고 있습니다.

LB(Life Bridge) 하우스는 토지를 소유하지 않고 정기 차지권을 이용해서 공동으로 대여하는 방식을 취하는 콜렉티브 하우징입니다.

당초 코디네이터 회사의 주최로 간사이(関西)지역의 고령기 생활을 생각하는 모임의 회원들과 현지 고교의 OB가 참여해 의견교환을 하였고, 그 후 LB 연구회가 발족되었습니다.

LB의 취지는 참가하는 개인 각자의 삶(Life)에 공통의 가치관인 다리(Bridge)를 놓음으로써 공생을 이념으로 하는, 새로운 삶의 길로 함께 나아가는 것입니다.

발족 후에는 월에 한번 연구회를 개최하고 고령자용 주택을 견학하거나 외국 사례에 대한 학습회를 거쳐 최종적으로 입주 희망자들만의 주택을 짓기로 하였습니다.

주택동과 공용동으로 나누어 개인의 프라이버시를 확보하는 동시에 채소밭, 정원 등의 공용공간도 충분히 갖추어 놓고 있습니다. 입주자는 40대부터 70대까지의 독신여성 3명 그리고 부부세대 4세대이며 하루 중에 점심 또는 저녁을 공용 식당에서 먹기, 식사 준비는 푸드 코디네이터 2명이 맡아하되 보조적인 작업은 입주자가 교대로 돌아가며 하기, 청소는 주에 3번 당번제로 진행하기 등의 구체적인 규정도 정하고 있습니다.

건설은 점차 진행될 예정이지만, 토지가격을 책정하지 않고 자신들의 주거만들기를 시행하는 방법이기에 향후 귀추가 주목되고 있습니다.

● LB하우스 개요

발족년도	1993년
소유 형태	토지의 차용(借用)과 입주자에 의한 건물의 공동소유를 예정
입지 조건	전통적 거리가 남아있는 지방도시
주택 타입	2동/ 3층 목조건물
공유 설비 공간	다목적 홀, 식당, 부엌, 거실, 도서실, 게스트룸, 스텝용 거실
개인 점유 설비 공간	2실, 거실, 부엌, 목욕탕, 화장실
간호 필요시의 대응	지역의 의료기관과 제휴 예정
결원이 생겼을 때의 대응 및 신규 입주자 선정	신규로 모집하거나 연구회 멤버 중에서 입주희망자가 있으면 입주가능하다. 입주자의 선정은 거주자 전원이 상담하여 정할 예정이다.

▶ 소 재 지… 야마구치현 시모노세키시
사업주체… LB 연구회
면 적 등… 입주자수/ 10세대 예정

● LB하우스의 경위 · 개요

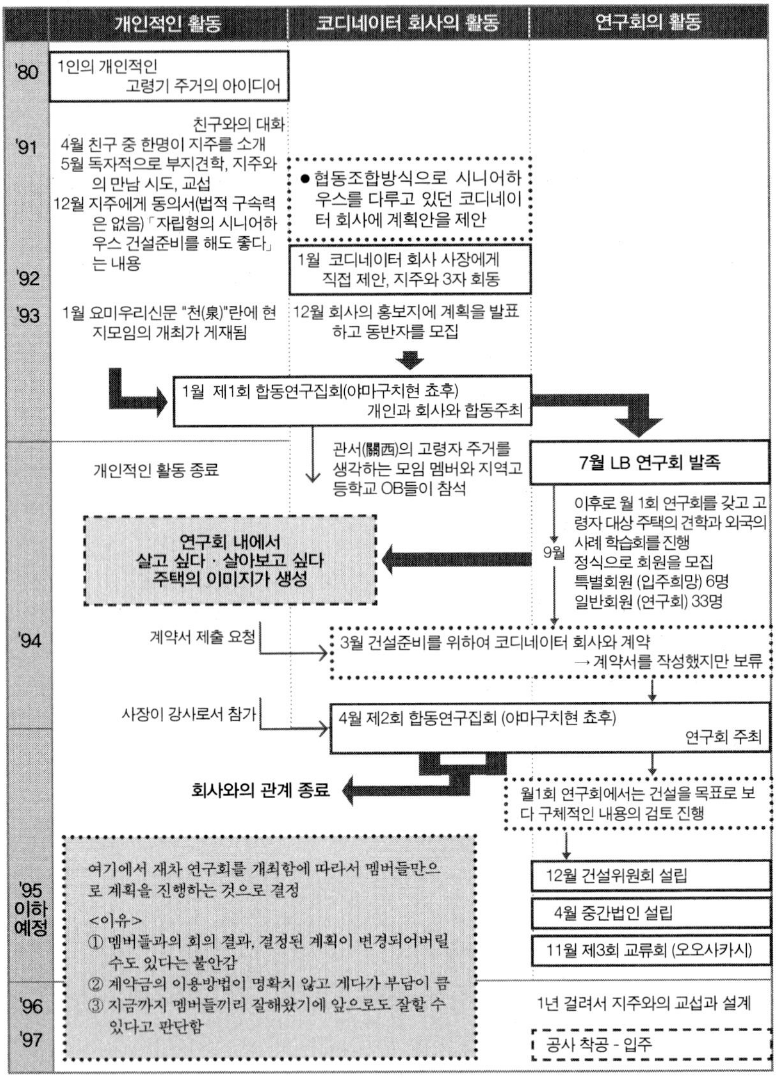

출처 : 사사키 노부코 · 사카가미 카오리 · 우에노 마사요「연장자들에 의한 생활협동형 주택의 시도에 관한 연구」 도시주택학 15호, 제4회 학술강연회 연구발표 논문집, 1996.9, 도시주택학회

재해지에서 collective housing 시도

[효고 부흥 콜렉티브 하우징 (효고현)]

[고베시 재해 부흥 공영주택 콜렉티브 하우징 (고베시)]

효고현 고베시

재해지에서는 가설(假設)주택에서 항구(恒久)주택으로의 이전을 권장하는데 안심하고 살 수 있고, 사람의 따스한 온기가 있는 주거환경 만들기로 콜렉티브 하우징이 도입되었습니다.

1995년 1월 17일 한신 아와지 대지진으로 인해 수많은 사람들이 희생되고 주택, 도로, 철도 등도 막대한 피해를 입었습니다. 응급 가설주택에서 고령자의 독거사(獨居死)등이 문제가 되어, 이재민의 마음 케어에 대한 필요성이 증대되고 있습니다.

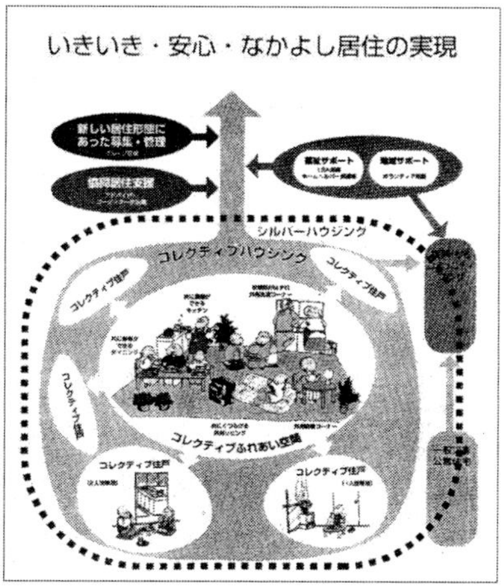

효고 부흥 콜렉티브 하우징 개념도

이재민을 위한 주택확보 대책으로는「효고 주택부흥 3개년 계획」(1995년 8월 효고현 정책)에 따라 재해 부흥 공영주택 등의 공적 공급주택이 정비되고 있지만 향후 많은 분들이 응급 가설(假設)주택에서 항구(恒久)주택으로 이사하게 되면서 고독에 빠지지 않고 적극적인 협동생활의 즐거움을 얻을 수 있도록 재해 부흥 공영주택 가운데 콜렉티브 하우징을 도입하였습니다.

콜렉티브 하우징은 식당과 담화실 등의 공용부분을 입주자가 공동으로 사용하고 유지 · 관리하는 생활방식으로 단지 넓은 공간을 마련하는 것만으로는 본래의 목적을 달성할 수 없습니다. 입주 후의 협동생활을 원활하게 하기 위해서는 이런 생활방식에 동참하는 사람이 명확한 생활의 이미지를 갖고 주체적인 합의형성에 따라 공용부분의 관리와 운영 등에 협동생활의 규칙을 정해가는 것이 중요합니다.

재해 부흥 현영 고베 미나미모토쵸 주택완성 예상도

재해 부흥 현영 고베 카타야마 주택완성 예상도

콜렉티브 하우징의 기본은 함께 의지하는 것인데, 고령자의 경우에는 무언가 절실하게 도움이 필요합니다. 따라서 고령자용 주택에는 실버하우징 제도를 도입하고 라이프 서포트 어드바이저가 파견될 예정인 바 「자립」과 「서포트」의 균형 문제가 과제입니다.

효고현의 응급 가설주택 입주자는 그룹차원만으로 모집하고, 고베시에서는 2~5세대로 구성된 그룹모집과 한 세대 단독의 모집을 병행하고 있는데, 여기서도 그룹모집은 응급 가설주택의 입주자에 한합니다.

또한 공영주택의 집세는 통상 주거면적으로 결정되는데 콜렉티브의 경우, 공용부분은 각 개인의 전용면적을 차출하는 형태로 만들어내고, 집세는 차출 전의 면적으로 결정하고 있습니다.

재해지에서 부흥을 위한 새로운 거처의 제안이 크게 성장하기를 바랍니다.

▶ **소 재 지… 효고현**

● 콜렉티브 하우징 사업계획 단지 일람

단지명	주소지	콜렉티브 호수	비고
東部新都心・脇浜	神戸市中央区脇浜海岸通	44	모두 고령자 전용
南本町	〃 中央区南本町	27	
岩屋北町	〃 灘区岩屋北町	22	
片山	〃 長田区片山町	6	
大倉山	〃 中央区下山手通	32	
金楽寺	尼崎市金楽寺町	71	일부는 일반 가구 전용
福井	宝塚市福井町	30	
県営計		232	
浜添神戸市長田区浜添通		29	일부는 일반 가구 전용
市営計		29	
合計		261	

※ 金楽、福井지역은 1997년 2월에 추가

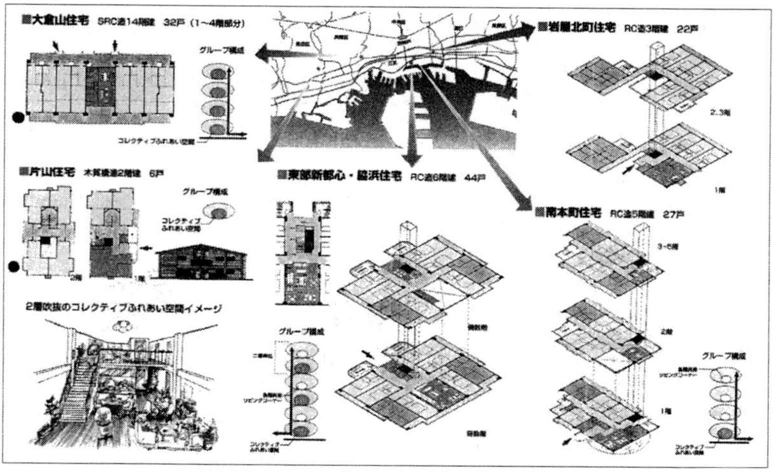

효고 부흥 콜렉티브 하우징 개요

Collective housing · 워크숍

칼럼

콜렉티브 하이츠 하마조에

고베시에서는 콜렉티브 하우징을 도입하기에 앞서 마을만들기 플래너, 건축가, 사회복지 전문가 등의 학식경험자와 공무원으로 이루어진 「마노(眞野) 콜렉티브 하우징 연구회」를 만들어 기본계획을 책정하였다. 1996년 6월부터 12월까지 총 5회의 연구회를 개최하였는데 지역주민이 함께 참여한 「모의 워크숍」(총 3회 개최)을 통해서 기본계획을 세우는 방식을 채택하였다.

워크숍에 참여한 지역주민들은 콜렉티브 하우징이라는 단어 자체부터가 매우 생소한 것이었다. 그리고 아마 워크숍도 처음 참가하게 되는 것으로 자신이 입주예정자가 아닌(어디까지나 모의 워크숍일 뿐) 상황에서 어떻게 진행될지 걱정이 많았다.

하지만 첫 워크숍 당일, 회의장인 시영 마노주택 집합소에는 60명이 넘는 참가자들로 붐볐다. 콜렉티브 하우징 주거방법의 이미지를 이야기형식으로 만든 그림연극 「콜렉티브 하우징 이야기」는 대호평이었다. 나뭇잎을 본떠 만든 카드에 제안이나 과제를 쓰고, 책상위 큰 종이 나무 「이런 콜렉티브가 만들어지면 좋겠다」에 붙여보는 활동은 모든 그룹에서 활발한 논의가 전개되어 제1회 워크숍은 성황리에 마쳤다. 계속해서 제2회, 제3회 워크숍도 변함없이 대성공이었다. 제1회 논의를 마치고 작성한 2개의 설계안에 대해서 A안이 좋다, 아니 B안이 좋다, 라며 치열한 공방이 전개되었던 제2회. 공동식당, 부엌 등의 관리방법이나 남향 발코니의 사용법 등, 관리

워크숍 내용

- 제 1회 〈사는 방식 이미지〉 워크숍
  콜렉티브 하우징에 대한 이미지를 증폭시킨다
- 제 2회 〈디자인 게임〉 워크숍
  설계안을 기초로 논의한다
- 제 3회 〈매니지먼트〉 워크숍
  협동생활의 관리운영에 대해서 검토한다

콜렉티브 하이츠 하마조에 · 계획안 예상도

운영 방법에 대한 워크숍 제3회. 아무래도 전문가와 공무원들만으로는 생각해낼 수 없는 발상 · 제안을 들을 수 있었다.

콜렉티브 하우징은 모두가 만들어가는 주거이다. 이런 의미에서 제작자만의 방식을 상정해서 계획을 만드는 것이 아닌, 직접 살 사람에게 계획을 짜게끔 하는 시스템의 워크숍 시도는 유효하였는 바 새로운 주거를 예감하게 한다.

워크숍에서 피해지역 분들의 열의는 「우리들의 집을」이라는 절실한 소망을 반영하고 있는 것 같았다.

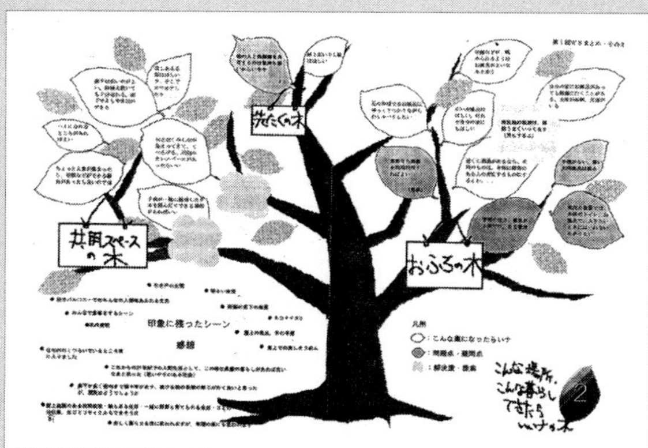

장수사회 대응주택 설계 지침이란?

칼럼

지금까지 고령자를 위한 주택이라 하면 고령기 이후만을 주목한 특별 주거를 의미했다. 하지만 라이프스타일 전체를 생각해 볼 때 고령기가 되면 오히려 정든 곳에서 살아가고 싶은 욕망이 커진다는 것, 변화를 좋아하지 않아 좀처럼 대규모의 개조는 힘들다는 것을 고려하여 고령기를 맞이하기 전에 앞날을 대비한 주거의 확보가 요망된다.

이처럼 신체기능이 저하해도 그대로 계속해서 살아갈 수 있다는 것, 요양 간병을 받아야 하는 상황에 다다른 경우에도 간편하게 간호서비스를 받는 것이 중요하다. 이것은 요양 간호상황에 대한 예방, 간병인력 절감에 기여하는 것으로 사회적인 간호비용 절감에도 이바지한다는 점에 주목하여야 한다.

고령자주택 사양과 같은 경우의 간호비용 절감효과

고령자주택		
지팡이로 보행할 수 있을 정도의 고령자가 거의 자립할 수 있도록 실내의 단차해소, 손잡이 난간설치 등 공간을 배려한 주택	· 당초 주택비용 증가분 · 당초 베리어프리 사양에 의한 추후의 간호 경감액 · 순수 편익(이득금액)	54만엔 280만엔 226만엔

고령자 부부세대를 상정하여 상기한 주택에 의하여 생애 얼마나 간호에 대한 부담을 경감시킬 수 있는지 정리해보았다. 당초에 준비하는 것이 향후 간호 비용에 대한 부담은 경감된다.

〈자료〉 건설성 건설정책연구센터 조사 (1993년 5월)

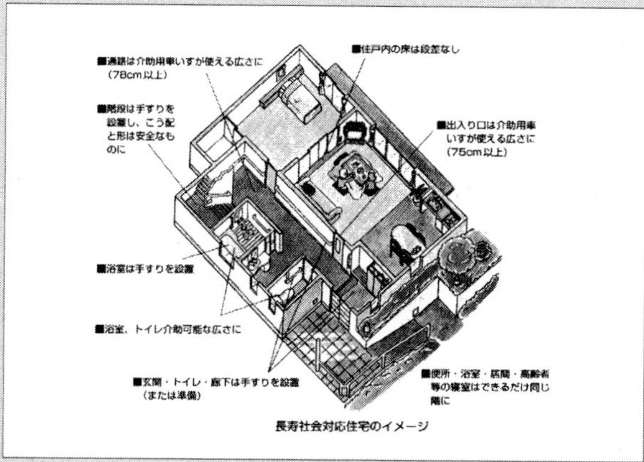

장수사회 대응주택 이미지

이러한 상황을 토대로 앞으로 건설되는 주택설계의 지침으로 「장수사회 대응주택 설계지침」(1995년 6월 건설성)이 책정되었다.

이 지침은 주로 신축되는 주택을 대상으로 일반적인 주택설계상의 배려사항을 제시하고 있는데 주택 안의 단차, 손잡이, 통로 · 출입구의 폭, 현관, 계단, 욕실, 접근성, 공용부분 등과 관련하여 총 44개 항목이 설정되어 있다.

고령자를 포함하여 일반인들도 안전하게 지낼 수 있는 공간을 만드는 것이 앞으로의 큰 테마이다.

복지서비스와 연계한 과소지의 고령자 생활

[실버하우스]

고치현 키타가와무라

지리적 조건 등으로 자택에서 적절한 간호를 받을 수 없는 중산간 지역의 고령자에 대하여 주택과 복지 케어를 제공하는 「실버하우스 정비모델 사업」에 의해 고령자의 자립적인 생활을 지원하고 있다.

중산간 지역이나 과소 지역에서는 지리적인 조건으로 고령자의 재택복지서비스 제공효율이 좋지 않고 간호가 필요한 상황이 되어도 충분한 서비스 제공을 받지 못하는 경우가 있습니다. 간호를 받지 않으면 생활할 수 없는 상황에 놓인 고령자는 신체기능의 저하가 가벼워도 입원을 하든지, 혹은 특별양호노인 홈 등의 시설에 입소하여 생활하게 됩니다. 하지만 이로 인해 정작 간호가 필요한 고령자가 장기간의 입소대기자가 되거나 사회적 사정에 의한 입원(본래 의료는 필요 없지만, 간호할 사람이 없는 문제로 입원) 등의 문제가 생깁니다.

이러한 문제를 해결하기 위해서 고치현에서는 1996년도부터 시읍면이 사업주체가 되어 마을의 편리한 곳에 있는 데이서비스센터 등의 재택복지센터 거점에 병설하거나 또는 근접한 고령자를 위한 주택인 「실버하우스」를 정비하고 있습니다.

실버하우스에 입주한 고령자에게 시읍면이 직영 또는 위탁에 따라 홈 헬퍼의 파견이나 급식 등의 재택복지 서비스를 제공합니다.

실버하우스는 독립생활형과 공동생활형이 있는데 후자는 공동 욕실이나 부엌 등의 공용부분을 넓게 취하고 있습니다.

집에서 제대로 된 서비스를 받을 수 있도록 주택과 복지서비스의 입지를 배려한 주거의 한 형태라고 말할 수 있습니다. 이 사업을 활용해서 아가와군 키타가와무라에서는 제 1호인 독립생활형 실버하우스가, 그리고 아가와군 이케가와쵸에서는 제 2호인 공동생활형 실버하우스가 건설되었습니다.

- 소 재 지… 고치현 아가와군 키타가와무라
  사업주체… 키타가와무라
  면 적 등… 호수/5호

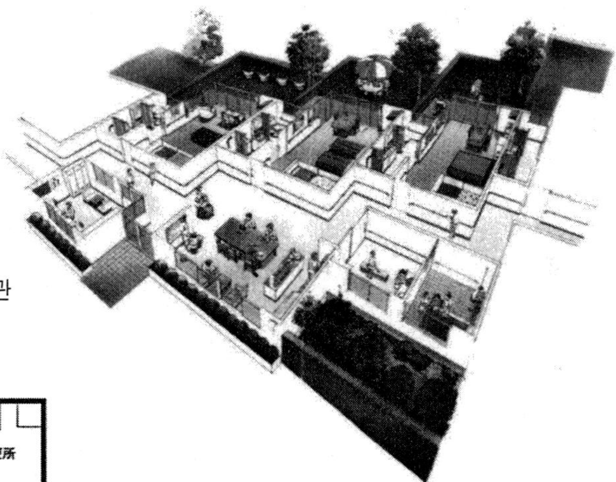

실버하우스
(공동생활형) 내관

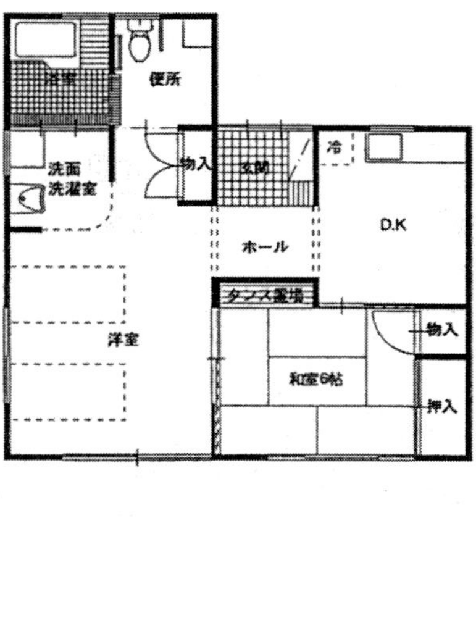

실버하우스
(독립생활형) 평면

자료제공 : 고치현

혼자 사는 고령자들이 함께 모여 사는 곳

[유우아이 장원 오카야마현 추오초/ 시아와세 장원 오카야마현 카와카미쵸]

> 나이가 든 후에도 태어나서 자라온 마을을 떠나고 싶지 않고, 몸이 쇠약해져 밤을 혼자 보내는 것이 불안한 독거노인들의 마음을 고려하여, 걸어 다닐 수 있는 거리에 친구들이 함께 더불어 생활할 수 있는 공공시설을 제공하도록 하였습니다.

오카야마현에서는 1994년도부터 「혼자 사는 노인 공동생활 지원사업」을 실시하고 있는데 현재 6곳에서 진행 중에 있습니다. 시설은 신축뿐 아니라 빈집, 셋방, 유휴화(遊休化)한 공공시설 등을 필요에 따라 증・개축하고 있는 곳도 있습니다. 실시주체는 각 지자체이지만 관리운영하는 곳은 사회복지협의회, 지역주도형 등으로 다양하며 입주자는 대부분이 전부터 알고 지내던 사람들로 공용부분의 관리운영 방법에 대해서는 입주 전부터 논의가 있었습니다.

공동생활의 기본인 요리와 청소 등의 분담은, 작업량이나 담당 인수에 따라 정하는 등 그때그때 입주하고 있는 고령자의 구성에 따라 계획할 필요가 있고, 원활한 운영이 지속적으로 이루어지게 하는 것이 향후의 과제로 남아 있습니다.

유우아이 장원(友愛莊)

「유우아이 장원」에서는 독거노인들끼리 모여 공동생활을 하고 있는데, 그 중에 낮에는 집에서 농경작업 등을 하고 저녁이 되면 모여서 한 지붕 밑에서 지내는 경우도 있습니다. 유우아이 장원은 현(縣)의 보조로 건설되어, 마을이 사회복지협의회에 운영을 위탁하고 있습니다. 오후 5시 정도부터 마을이 위탁한 지역의 주부 3명이 교대로 와서 식사준비를 합니다. 노인들은 함께 TV를 보거나 이야기를 나누며 즐거운 시간을 보냅니다.

유우아이 장원의 외관

▶ 소 재 지… 오카야마현 구메군 츄오쵸
사업주체… 츄오쵸
면 적 등… 바닥면적/ 150㎡ | 정원/ 5명

그리고 인접해있는 진료소에서 주 1회 진료를 시행하고, 홈헬퍼도 하루에 한 번은 상태를 보러 옵니다.

걸어서 10분 거리에 자택이 있는 78세의 남성은 「심장병을 앓고 난 이후부터 밤에 혼자 자는 것이 불안하다, 옆에 누군가 있어주면 안심하고 잘 수 있다」라고 했습니다. 한편 가슴 통증을 호소한 81세의 할머니는 주위에 동료들이 있었기 때문에 늦지 않게 병원으로 옮길 수 있었다고 합니다.

혼자서도 안심하고 살 수 있는 집을 제공하는 것이 유우아이 장원의 궁극적 목표입니다.

시아와세 장원

「시아와세 장원」은 고령화율이 46%로, 읍내에서도 가장 고령화가 진행된 카와카미쵸 타카야먀 지구에 정비되어 있습니다.

입주자 각자의 프라이버시를 유지할 수 있는 자기만의 공간과 제법 커다란 중앙 홀 및 취미생활 공간이 마련되어 있습니다. 이 공용 스페이스는 지역 사람들과 젊은 세대들의 교류의 장으로 활용되기를 기대하고 있습니다.

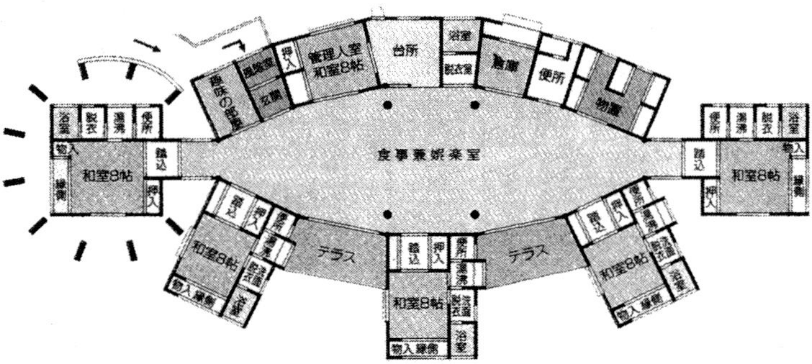

시아와세 장원 평면도

▶ 소 재 지… 오카야마현 카와카미군 카와카미쵸
사업주체… 카와카미쵸
면 적 등… 바닥면적/400㎡ 정원/5명

그 밖의 실버하우스 사례

나카요시 하우스

써니 하우스 아히루가타

다세대가 교류하는 주거와 시설

[사가미하라 4정목 지구]

카나가와현 사가미하라시

다세대가 같은 건물 안에서 함께 생활하며 교류하는 곳으로 주택시설, 시회복지시설, 상업시설 등을 갖춘 복합건축물이 카나가와현 사가미하라시의 중심시가지에 건설되었습니다.

사가미하라 4정목 지구는 사가미하라역에서 400m떨어진 중심시가지에 아이부터 노인까지 동일한 건물 안에서 생활하는 교류의 장으로, 시가 다세대 교류를 위한 거점으로 만들어 놓은 사례입니다. 고령자를 위한 주택(시니어주택)에는 데이서비스 센터를, 패밀리를 위한 시설로는 보육원, 특정우량 임대주택(중견노동자를 위한 주택)을 만들고, 게다가 저층부에는 상업시설 등을 계획하고 있습니다. 고령자주택에서 보육원 옥상에 만든 정원을 바라볼 수 있도록 하는 등의 연구도 진행되고 있습니다,

이 사례는 양호한 거리를 정비하는 연도지구(沿道地区) 마을만들기 협정[*1]을 따르고 있는 것으로, 도로에서 이격시켜 건설되는 1층 전부, 2층 일부에 대해서 상업 · 업무시설을 배치하고 있으며 시가지 환경을 형성하는 우량한 건축물에 대해서 보조를 하는「우량건축물 등 정비사업」의 보조를 받고 있습니다.

그리고 주택에 있어서는 토지소유자와는 별도의 사업자 (고령자를 위한 주택은 민간 시니어 주택경영자, 특정우량 임대주택은

[*1] **연도지구(沿道地區) 마을만들기 협정**

벽면후퇴, 건물용도(1~2층 부분의 상업, 업무이용), 건물디자인, 보도상(步道狀) 공개공지의 전면(前面)도로와의 일체화

카나가와현 주택공급공사)가 빌려주는 것으로, 토지소유자에게 있어서는 경영의 안정을 도모하는 것이 가능하고, 주택 경영자에게 있어서는 토지를 사지 않아도 되므로 토지비용이 들어가지 않는 구조로 되어 있습니다.

지방공공단체의 마을만들기 방침이나 복지행정, 주택행정에 대응해서 민간이 사업을 진행하고 그 민간을 지방공공단체가 지원하는 형식으로 이 지구의 사업은 진행되고 있습니다. 그런 의미에서 민간과 지방공공단체가 파트너십을 맺고 진행한 사업이라 할 수 있습니다.

▶ 소 재 지… 카나가와현 사가미하라시 사가미하라 4정목 지구
사업주체… 사가미하라시
면 적 등… 부지면적/ 2,587㎡ 주택 100호, 보육원, 데이서비스센터 등

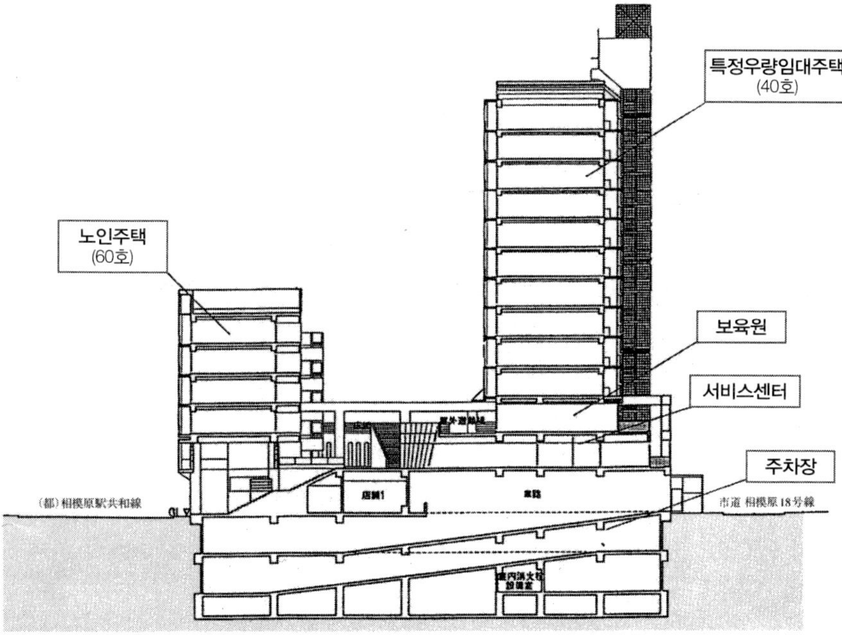
특정우량임대주택
(40호)
노인주택
(60호)
보육원
서비스센터
주차장
(都) 相模原駅共和線
市道 相模原18号線

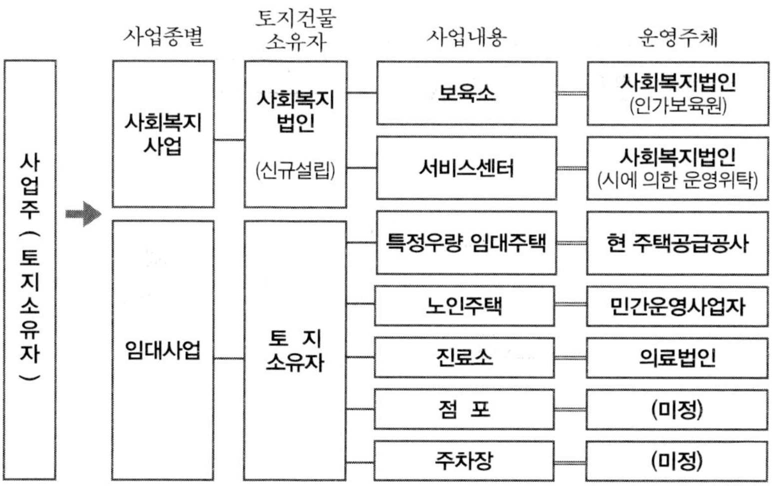
사업종별
토지건물
소유자
사업내용
운영주체
사업주 (토지소유자)
사회복지
사업
사회복지
법인
(신규설립)
보육소
사회복지법인
(인가보육원)
서비스센터
사회복지법인
(시에 의한 운영위탁)
임대사업
토 지
소유자
특정우량 임대주택
현 주택공급공사
노인주택
민간운영사업자
진료소
의료법인
점 포
(미정)
주차장
(미정)

자료제공 : 사가미하라시

IV.

마을만들기에 참여하다

Ⅳ. 마을만들기에 참여하다.

육아가 끝나고 퇴직하여 자유로운 시간을 이용해서 활기차게 생활하고 있는 고령자분들을 자주 만나게 된다. 학습이나 스포츠모임에 의욕적으로 참가하여 바쁜 시기에는 할 수 없었던 자신의 취미와 교양을 즐기는 고령자들. 그리고 이러한 고령자를 중요한 인재로 여겨, 고령자가 긴 시간 쌓아온 지식이나 기술을 지역 마을만들기에 활용하려는 움직임이 전국 각지에서 시작되고 있다.

언필칭 "마을만들기" 분야는 범위가 넓은데 도시에서 산간지역까지 각 마을의 성격도 매우 다양하다. 이 단원에서는 고령자가 주체가 되어 지역의 마을만들기에 참여하거나 혹은 지역별로 고령자가 계속해서 살아가는 마을만들기에 참가하고 있는 사례에 대하여, 최대한 폭 넓게 소개하고 있다.

그 중에는 고령자가 마을을 안내해주거나 전통기술을 소개하는 등, 마을의 PR에 일조하고 있는 사례도 있다. 산길을 정비하거나 리사이클에 동참하거나 전통기술을 소개하거나 생애 현역의 마음으로 돌아가서 일에 매진하고 있는 사례, 그리고 홈페이지를 여는 등, 정보 네트워크를 사용하여 봉사활동을 하고 있는 경우와 고령자가 잘 살아갈 수 있도록 지역에서 주택개선과 간호 등에 봉사하고 있는 사례 등 매우 다양하다.

고령자와 관련한 마을만들기 활동의 다양성에 놀람과 동시에, 고령자분들이 활동을 통해서 지역과의 연계, 젊은 세대와의 연결, 그리고 점차 퍼져가는 교류의 고리를 진심으로 즐기고 있는 것이 무엇보다도 인상적이다.

이러한 사례들을 보면 "고령자라서 ○○할 수 없다"라는 생각이 얼마나 시야가 좁았던 것인지를 알 수 있다. 그리고 고령자가 건강한 마을만들기, 고령자와 함께, 고령자를 생각하면서 진행하는 마을만들기가, 결국은 모두에게 좋은 살기 좋은 마을만들기라는 것을 알 수 있다.

자신의 손으로 직접 길 만들기

[즈시 하이랜드 한걸음 모임]

카나가와현 즈시시

방치된 산림을 지역주민들이 즐겨 찾을 수 있는 새로운 마을의 산으로 살리기 위해, 70세 전후를 중심으로 한 회원들이 모여 직접 자신들의 손으로 산길의 정비활동을 하고 있습니다.

지역의 마을만들기 모임이 계기가 되어

카마쿠라 즈시 하이랜드는 1970년에 분양이 시작된 신흥주택지로, 현재 호수는 약 1,700호입니다. 주변은 푸른 산림에 둘러싸여 있으며 카마쿠라 시대의 사적도 많고, 자연 환경적으로 축복받은 주택지입니다. 하지만 얼핏 푸르게 보이는 산림도 대부분 오랫동안 방치되어 담쟁이 넝쿨과 칡, 야생나무 등이 무성하고 뾰족한 대나무가 밀생(密生)해서 사람이 들어가지 못할 정도의 덤불숲이었습니다.

직접 자신들의 손으로 심은 산나리 꽃을 배경으로 "찰칵"

즈시지역 계획책정위원회의 하나로 1992년에 시작 된 〈즈시 하이랜드 마을만들기 모임〉의 회의 중에서 이처럼 방치된 산림 문제가 거론되었습니다. 그래서 마을만들기 모임의 즈시지역 계획책정에 관한 위탁업무가 끝난 1994년 3월에 위원 중에서 지역리더를 중심으로 10여명의 〈즈시 하이랜드 한걸음 모임〉이 결성되었고, 방치된 산림을 고령자의 보람과 건강증진을 위한 장소로 활용하기 위해 자원봉사에 의한 산길 정비를 시작하게 되었습니다. 사실, 회장인 카와시마 히데오씨는 약 10년 전부터 혼자 산림 길 만들기를 해오셨습니다. 마을만들기 모임을 계기로 고령자 그룹에 의한 봉사활동이 시작된 것입니다.

아마추어 회원들의 손으로 산길 정비

회원들은, 몹쓸 대나무를 베거나 쓰러진 나무를 제거하여 산길을 뚫고, 급경사면에는 돌계단과 통나무계단을 만들었습니다. 안

높이 3미터나 되는 대나무를 베어 길을 만드는 중

내판을 만들고 전망이 좋은 곳에는 벤치를 두고, 산나리와 유채꽃도 심었습니다. 이리하여 법황도 왔었다는 순례길 등의 유서 깊은 역사의 길이 안전하고 즐거운 하이킹 코스로 재탄생했습니다.

대부분 전직 회사원으로 호미와 삽을 처음 잡아보게 되었지만, 조심조심 전기톱과 낫을 사용해서 돌계단과 통나무를 다루는 사이에 점점 익숙해져 갔습니다. 「천리 길도 한걸음부터」라는 염원을 담은 〈즈시 하이랜드 한걸음 모임〉은 그 이름대로 한 걸음 한 걸음 자신들이 할 수 있는 범위 내에서 조금씩 활동하면서 훌륭한 성과를 내고 있습니다. 지금까지 정비한 하이킹 코스와 역사의 길은 10Km 이상이나 됩니다. 「아마추어 고령자 단체지만, 꾸준히 하면 나름대로 결과는 나오기 마련. 예전의 그 무성했던 산의 모습은 상상할 수 없을 정도로 멋진 길이 만들어졌다며 모두가 자화자찬하고 있습니다」라고 말하는 카와시마씨.

지역의 친구만들기도 즐겁게 활동하면서

이만큼의 성과를 낼 수 있었던 비결은 무엇일까요? 우선 큰 포인트는 활동을 시작하기 전에 마을만들기를 지원하는 재단의 도움을 받을 수 있었던 것. 첫 해는 하우징 & 커뮤니티 재단에서, 2년째는 마을만들기 시민재단에서 지원금을 받아서 정비에 필요한 도구를 구입하여 모을 수 있었다고 합니다. 그리고 회원들이 활동을

경사가 있는 곳에 돌계단을 만드는 중이다

즐기는 것. 모임에서는 어려운 규칙을 만들지 않고, 각자의 체력에 맞추어 즐기면서 산길의 손질을 하고 있습니다. 활동을 통해서 지역과의 교류도 생겼습니다. 「부인들끼리는 이웃과의 교류가 생기지만 회사를 다니는 나는 이웃과의 사귐이 없었는데, 지역에 회원 친구가 생겨서 무엇보다 좋습니다」라는 카와시마씨. 길에서 만나면 인사하거나, 서로의 집에 차를 마시러 가거나 하며 지낼 수 있는 친구가 생긴 것이 무엇보다 소중한 보물을 얻은 것 같다고 말해 주셨습니다.

사진제공 :
즈시 하이랜드 한걸음 모임

여름에는 풀이 금방 자라서 꼼꼼한 손질이 필요하다

인터뷰

" 산림 소유자와의 조정이 과제 "

〈즈시 하이랜드 한걸음 모임〉 회장
카와시마 히데오씨 (71세)

정규 활동은 월 2회입니다. 5월부터 10월까지는 풀이 제일 많이 자라는 시기여서, 허리에 모기향을 달고 작업을 하고 있습니다. 겨울은 춥지만 벌레나 뱀이 없어서 오히려 활동하기 더 편합니다.

그룹 활동을 시작했을 때 첫 해에는 하우징 & 커뮤니티 재단에서, 그 다음 해에는 마을만들기 시민재단에서 보내준 지원금으로 필요한 도구와 재료들을 모을 수 있어서 큰 도움이 되었습니다. 문제는 산 주인과의 조정입니다. 산은 보살피지 않으면 나무가 건강하게 자라지 않는데 민간 그룹이 산림 소유자에게 활동을 허락받는 것이 어렵습니다. 행정(공공)이 산림소유자와 활동 그룹과의 사이에서, 조정역할을 맡아주면 좋겠습니다.

고령자가 지역의 안내역

[히지마치 유타카노후네의 모임]

오이타현 히지마치

부인 그룹에 의한 관광안내 "교류 가이드" 활동에서는 지금까지 1000명이 넘는 관광객들의 안내를 도와주며, 현지의 친절하고 따뜻한 안내원들이라는 호평을 받고 있습니다.

지역의 부인 그룹이 마을을 안내하다

봉사활동으로 마을의 관광안내를 해주는 교류 가이드활동에는 「히지마치 유타카노 후네의 모임」에서 연수를 받은 약 30명의 부인들이 종사하고 있습니다. 히지마치를 방문하는 사람이 점점 늘어나면서 관광안내에 대한 의뢰가 동사무소에 들어오자, 우리들이 도와줄 수 있지 않을까라는 생각에서 시작하게 되었다고 합니다. 안내를 시작하기에 앞서 마을 안에 있는 관광 명소의 사진을 찍고 히지마치의 가이드 북을 만들어 보는 등, 마을에 대해서 많은 공부를 했다고 합니다.

히지마치 모임의 야베 오사무 회장 (전열 오른쪽)과 회원들

「저희는 버스 안내양처럼 본직이 가이드가 아니기 때문에 길을 안내해주는 정도만 합니다」라고 말하는 회장 야베 오사무씨. 그렇지만 관광 명소에 도착하면 그곳의 유래와 볼거리들에 대한 정보들이 막힘없이 입 밖으로 튀어나옵니다. 오이타현의 말투가 정답고, 또 지역 주민들만의 이야기들도 들을 수 있어서 좋으며 히지마

치에 대한 애착도 엿 보입니다.

동사무소에 가이드의 의뢰가 들어오면, 사전에 어떤 관광객인지 알아보고, 예를 들어 하이쿠(일본 고유의 짧은 시) 모임의 멤버라면 하이쿠를 잘 알고 있는 사람이 이번 안내를 맡거나 하는 등의 관광객을 위한 작은 배려도 잊지 않는다고 합니다.

교류의 고리를 넓힌다

가이드를 할 때는 매번 긴장하게 되지만 「안내를 통해서 교류의 고리가 넓어지는 것이 즐겁습니다. 육아도 끝나고 할 일 없이 집안에 있는 것 보다는 나의 도움이 필요한 곳에 쓰이고 싶습니다」라며 모든 회원들이 말합니다. 이에 대해 남편 분들은 어떻게 생각하고 있는지 물어보면 웃으면서 「외출이 많은 것은 어쩔 수 없이 남편이 포기하고 있어요」 라고 하는 분도 있었고 「외출 시에 차로 데려다 주고 데리러 와준다」라고 하는 분도 있었습니다.

그리고 1996년 1월부터는 마을의 관광명소 중의 하나인 마츠야 절의 문 앞에 모임의 운영에 의한 「교류 매점」을 오픈하게 되었습니다. 여기는 원래 마을의 관광 안내소 겸 매점이 있었는데 매상이 적어 문을 닫게 되었습니다. 하지만 이제는 관광객이 많아져서 「그럼 우리들이 한번 해 봅시다」하고 재개한 것입니다. 마츠야 절을 찾는 사람들에게 「한번 구경해 보세요」라고 가볍게 추천하고, 무료로 차를 대접하고 있습니다. 마을의 기념품도 판매하고 있지만, 판매는 두 번째이고 만남과 이야기가 오가는 즐거운 가게입니다.

여성의 힘으로 다양한 지역 활동

오이타현에서는 1981년부터 히라마쓰 모리히코 지사의 제창으로, 현 내의 부인들을 모아 2박 3일의 연수를 진행하는 「풍년의 배

모임」을 매년 실시하고 있습니다. 히지마치에서 참가한 부인들이 모여서 1988년에 결성된 된 것이 「히지마치 풍년의 배 모임」입니다. 배 안에서 연수를 받고 의견을 교환하면서 자극을 받게 되었고, 무언가 하지 않으면 안되겠구나 라는 생각이 들었다고 합니다.

모임에서는 교류 안내원이나 교류 매점 외에도, 히지마치 일대 행사인 "카레이 축제" 때 무대 뒤에서 활약하는 등, 다양한 지역 활동에 참여하고 있습니다.

「마을의 사회교육과 행사표를 살펴보고 무언가 도움이 될 수 있는 일은 없을까, 체크해 보고 있습니다」라고 하는 야베씨. 이런 활동을 평가하여 히지마치에서도 연간 사업비 150만 원, 현 외 연수비 75만 원을 지원해주고 있습니다,

「물, 공기, 음식 특히 생선의 맛, 그리고 오래되고 좋은 것들이 넘치는 것이 히지마치의 매력입니다」라고 말하는 회원들. 나이는 '비밀' 이지만, 출생은 1930년대 전후라는 '활기' 찬 회원들에게 관광안내를 받으면, 히지마치의 관광이 한층 더 즐거워질 것임에 틀림없습니다.

관광 포인트인 히지마치의 성을 안내.
벳부 만(湾)을 한눈에 바라볼 수 있는 경치가 멋지다.

자신들의 힘으로 옛 마을의 보존을 위해

[카나자와 히가시야마 마을만들기 협의회]
이시가와현 카나자와시

카나자와의 독특한 역사가 있고 지역문화에 근거한 거리의 보존 및 문화의 전승과 발전을 위해 활발하게 활동하고 있는 그룹이 있습니다. 아사노 강의 경관 보존 및 옛 거리의 보존으로 남녀노소가 어울려 살아가는 활기찬 도시로의 발전을 목표로 하고 있습니다.

카나자와의 독특한 지역문화를 전승 · 발전시키기 위해서

카나자와 히가시야마 마을만들기 협의회는 1994년 12월에 발족한 회원 36명으로 구성되어 카나자와 특유의 지역문화, 그 중에서 벤가라(Bengala : 황토를 구워서 만든 안료) 격자가 아직까지 남아있는 히가시야마 지구의 경관과 거리를 보존하고, 문화의 전승과 발전을 목표로 하는 주민주체의 그룹입니다.

그런데, 협의회의 활동에는 좀 더 역사가 있고, 1987년부터 히가시야마 마을만들기 협의회로서 또 한 가지 별도의 카나자와 역사와 문화를 지키는 것을 목표로 한 모임 등과도 연락을 취하면서, 카나자와 마을을 흐르는 아사노강 일대의 경관보존과 고층아파트의 건축반대 운동 등을 진행해 왔습니다. 그 결과 아파트 건설 예정지였던 곳이 지금은 공원으로 바뀌어 시민들의 휴식공간이 되었습니다.

히가시야마 지구는 그 옆에 있으며, 예부터 폭 2~3칸(1칸은 1,8m), 길이 10~11칸의 상가 마을구획이 아직까지 남아있는 지구입니다. 그러나 다른 역사가 있는 마을과 마찬가지로 모터리제이션에 대한 대응이 이루어지지 않는 것, 젊은이들이 점점 교외부로 나간다는 점 등으로 인해 마을은 부서지고 쇠퇴의 기미까지 보이고 있습니다. 그래서 주민들은 이대로는 안되겠다고 생각하여 시가현의 나가하마와 히코네, 토야마현의 야오, 리가촌 등으로 견학과 교류를 통해서 학습을 거듭하여, 자신들의 손으로 마을을 지키고 발전시키기 위한「카나자와 히가시야마 마을만들기 협의회」가 정식 출범한 것입니다.

따라서, 이 협의회의 회원이 반드시 고령자여야만 한다는 것은 아닙니다. 다만 결과로서 그 주력은 아무래도 고령자에게 몰리는 경향이 있습니다. 이 협의회의 활동을 지원해온 카나자와대학의 카와카미 미츠히코 교수님도 "반드시 고령자에게 한정된 활동은 아니지만, 향후 주민이 주체가 되는 마을만들기 방식을 생각하는 데에 많은 참고가 될 수 있는 사례입니다"라고 말씀하셨습니다.

오래된 거리 보존을 위한 활동

이 카나자와 히가시야마 마을만들기 협의회의 활동이 더욱 활발해 진 계기에는 간온(觀音)지구의 코마치나미(오래된 거리) 보존지구의 지정[*1]이 있었습니다.

간온마을은, 히가시야마의 예전 이름으로 구슬공주의 기원장소로 세워진 간온원이 있는 것에서 유래합니다. 또한 오래된 거리라고 하는 것은 역사와 문화가 고스란히 남아있는 카나자와의 옛 거리를 말하며, 전체는 무리지만 작은 범위의 3, 4곳 정도라면 보존할 수 있지 않을까 라는 생각을 내세운 새로운 거리 보존의 방법입니다.

이 생각이 발전하여 1994년 4월에 '옛 거리 보존조례'라는 시의 조례가 제정되어 간온지구도 1996년 6월에 그 지정을 받았습니다. 지정을 받는데 있어서 카나자와 히가시야마 마을만들기 협의회의 주민 · 행정 양 측의 꾸준한 노력이 있었습니다. 또한, 지정 후에도 마을의 경관 · 건축에 대한 상담에 응하거나 개장(改裝)과 신축계획이 있는 건물 디자인을 위해 건축설계 기술자를 파견해서 조언 등을 하고 있습니다. 예를 들면 마을의 한 구획에 개설되는 "일본 소믈리에 스쿨" 건축에 관련한 어드바이스를 해주거나, 노인에 대해서도 조례에 따른 보조제도의 설명 등을 시행하고 있습니다.

고령자와 젊은이가 함께 살아가는 마을을 위하여

카나자와 히가시야마 마을만들기 협의회의 나카무라 하야오씨에 의하면 협의회의 활동은 이제 겨우 디딤돌의 단계가 끝난 것으로, 오히려 지금부터가 즐거움의 단계에 접어든 것이라고 합니다. 그래서 더욱 다양한 아이디어가 만재합니다. 나카무라씨는 「젊은이들이 교외로 빠져나가 점차 노령사회가 되어가고 있습니다. 그렇지만 젊은 사람들 중에 이곳에서 집을 짓고 살고 싶다는 사람도 있습니다. 그런 분에게 마을을 공동화시키지 않도록 하기위해서 '옛 거리 보존 제도' 만이 아닌 이곳에서 살아갈 수 있기 위한 보조제도를 생각해보는 것은 어떨까요?」라는 아이디어를 포함해 「점점 나이가 들어 가게를 운영할 수 없게 되면 주인인 노인은 안방에서 생활하고 상업권 만을 다른 사람에게 빌려주는, 이른바 상점양자 제도는 어떤가요? 향후 고령사회를 대비한 마을의 활성화와 고령자의 경제적인 부분까지 생각한 일석이조의 제도입니다」라고 말씀하십니다.

[*1]

こまちなみ(코마치나미)의 「코」는, 「역사적 운치를 간직하는 거리」라는 의미의 「고(古)」와 「작은 거리」라는「소(小)」의 두 가지 의미를 갖고 있는 말이다. 카나자와시는 1994년 4월에 「코마치나미 보존조례」를 제정했다. 조례에 따라 코마치나미 보존지역으로 지정된 지역의 주민들은 경관이나 건물의 보존에 협력하며, 이 경우에는 시로부터 보조 등을 받을 수 있다.

다만 이런 아이디어를 실천하고 실제 마을만들기로 이어나가려면 마을만들기를 담당하는 인재와 행정, 주민 모두의 참여가 불가피합니다. 그러한 것들이 앞으로 나아가기 위한 발전의 열쇠가 될지도 모릅니다.

마을만들기의 수단으로 지금까지 11회 개최해온
「아사노강 원유회」 포스터

주최 : 아사노강 원유회 개최위원회
공동주최 : 노포 · 문학 · 로망스 마을을 생각하는 모임
카나자와 마을만들기 협의회
후원 : 이시카와현, 카나자와현, 카나자와 상공회의소

자료제공 : 카와카미 미츠히코 (카나자와대학 공학부)
니카무라 하야오 (카나자와 히가시야마 마을만들기 협의회)

고령자의 지식을 활용하여 마을의 매력을 재발견

[이세신궁 신도회]
미에현 이세시

전통공예와 건물, 점포, 그리고 인물을 인정한 「이세마을 박물관」의 활동에는 고령자를 포함한 다세대(多世代)의 시민이 참가하여 지역의 가이드와 박물관의 관장으로 활약하고 있습니다.

주위의 살아있는 문화를 소개한 마치카도 마을박물관

민간유지에 의한 이세 시의 마을 일으키기 그룹인 「더 이세신궁 신도회」는 1988년에 설립되어 이세선생 125신사 순례와 이세 마을 재발견투어 등 다양한 마을만들기 활동을 진행하여왔습니다. 그 중 하나가 「마치카도 마을박물관」 운동입니다.

마치카도 마을박물관이란 이세 시의 살아있는 문화를 소개하고 있으며, 조금 더 즐겁게 마을걷기를 하면 하는 바람으로 네츠케[*1] (에도시대의 남자 세공품), 등나무공예, 한지, 완구 등의 전통공예와 진주, 도기 등을 전시하여 관광객들에게 공개하고 있는 곳입니다.

대상으로는,

① 개인이나 가게, 기업 등의 콜렉션

② 이세의 역사나 문화에 기인하는 지역 상업

③ 모델 샵

④ 이세의 전통적인 건물

⑤ 인물

이렇게 5가지를 중심으로 약 30개관과 8명의 봉사자가 인정(認定)받고 있습니다. "인물 박물관"의 인정에 대해서는 「인간 국보가 있으니까 인간 박물관이 있으면 좋지 않을까라는 발상에서 시작되었습니다. 지역의 역사와 문화에 정통하고 가이드를 해줄 수 있는 지역의 이야기꾼이라는 선정기준으로, 대부분의 가이드는 고령자입니다」 라고 말하는 이세 회장의 타카하시 토오루씨.

지역산업의 활성화, 견학공간을 만드는 사람들도

예전에는 네츠케의 작업을 보러 오는 사람이 거의 없었다고 합니다. 박물관 지도에 소개하고 「마치카도 박물관」이라는 간판을 걸게되니, "이세 선생"뿐만 아니라 이세 마을의 친근한 매력이 알려져서 즐겁게 방문하는 사람이 많아졌습니다. 박물관 측에서도 손님들이 작업을 구경하기 쉽도록 작업장과 전시장을 정비하거나, 공예를 체험해 볼 수 있는 공방을 만드는 등 활성화를 위해 적극적으로 임하고 있습니다.

고령자를 중심으로 한 자원봉사자가 활동을 유지하다

봉사활동으로 지역의 안내를 하고 계신 이치카와 카즈히코씨는 이세신궁 신도회의 봉사부 대표이며 고령자를 중심으로 한 지역의 모임으로 매월 이세 시와 이세신궁에서 연구회를 진행하고 있습니

이세 신도회 사무국의 타카하시씨(왼쪽)와 자원봉사자 대표 이치카와씨

다. 「저희 봉사자들은 "이세신궁 신도회"의 중심이라고 자부하고 있습니다. 찾아와주시는 분들이 만족하실 수 있는 가이드를 할 수 있도록 대화법도 배우고 있습니다」라고 말하는 이치카와씨는 마치카도 박물관의 지역 주민들과 관광객들간의 교류를 소중히 하고 싶다고 했습니다.

「마을만들기는 사람만들기입니다. 부끄러운 얘기지만 이세신궁 신도회에서 사람의 교류를 만들게 해주었다고 생각합니다. 이치카와 선생님과 같이 박식한 분들이 마을만들기에 참여하여 새로운 이세 시를 발견해 나갑니다. 그 과정에서 고령자들의 지식이 살아납니다」라는 타카하시씨. 고령자분들은 매우 열심히 활동하시고 시간적인 여유도 있습니다. 오히려 젊은이들의 마을만들기 참여가 과제입니다. 그리고 「세코[*2]맵」작성 등 새로운 활동도 진행하고 있습니다.

사진제공 : 이세신궁 신도회

[*1] **"네츠케"**

에도시대에 유행했던 것으로 남자가 지갑이나 담배쌈지의 끝에 끈을 매달아 연결하여 빠지지 않게 하는 세공품이다. 예전부터 이세 참배의 인기선물 중 하나였다.

[*2] **"세코"**

이세에서는 작은 골목을 세코라고 부르고 있습니다. 집과 집 사이의 좁은 길이라는 의미의 [(사코)], 이것이「(세코)」가 된 것이 아닐까라는 설이 있습니다.

인터뷰

" 이세 카와사키 마을을 안내합니다 "

자원봉사 안내자
히라카와 마사오 (90세)

「카와사키 마을관」은 일요일과 공휴일에 열고 있는데, 운영은 모두 봉사자들이 하고 있습니다. 저는 봉사자로 마을 가이드를 하는데, 그 중에는 전화로 안내해 주기를 바라는 사람들도 있습니다. 그리고 노인회의 뒷바라지도 맡고 있어서 생활이 매우 바쁘고, 집에 하루 종일 있는 시간은 한달에 2~3일정도입니다. 미리 전화로 예약해 주신다면, 다른 지인들도 불러 모아 요청에 따르도록 하고 있습니다. 질문은 카와사키의 역사와 마을에 관한 것들이 많습니다.

카와사키 마을관(술 창고를 개조한 자료관)을 안내해 주시는 히라카와씨.

계단식 논의 복구를 계기로 확산되는 마을만들기

[마루야마 센마이타 보존회]

미에현 미나미무로군 키와쵸

고령화와 과소화가 진행되는 취락에서, 황폐해져가는 계단식 논을 「최고의 센마이타(千枚田)로 만들자」는 마을이장의 제안으로, 지역에 보존회가 결성되고 오너제도가 도입되어, 도시 주민들과의 교류도 시작되었습니다.

지역에서 보존회를 결성하여 복전(復田)에 착수

에도시대에 황무지를 개간해 논밭을 만든 마루야마 센마이타는, 예전에는 2240마지기(枚)의 경작 논밭을 자랑하였지만, 고도성장기 이후에 젊은이들의 유출과 함께 점점 황폐해져 최근에는 530마지기까지 줄었습니다. 1993년 7월에 나카우라 토시오 마을이장의 요청에 따라 지역의 31호(戶)가 보존회를 결성하고, 1200마지기를 목표로 복전에 착수하여 1997년 1월 현재 1340마지기까지 살아났습니다. 마을에서는 1994년 3월에 센마이타를 「조상들에게 물려받은 귀중한 자산」으로 정하고, 보호를 의무화하기 위해 「센마이타 조례」를 제정하였습니다.

1994년도부터 보존회의 사람들만이 아닌, 초 · 중학교의 아이들과 '미에현 근로자 여유창조기금협회' 와 같은 외부 단체와도 협력해서 「봄의 모내기 축제」와 「가을 벼 베기 모임」을 열게 되었습니다. 축제에서는 대금을 연주하거나 밀 소면과 스시, 녹차 죽 점심을 함께하는 등 지역과 외부 응원단과의 교류가 이루어지게 되었습니다.

오너제도에 전국에서 69구좌 응모

1996년에는 한 구좌(약 100 m^2)당 연회비 30만 원으로, 전국에서 주인을 모집하는 「센마이타 오너제도」가 도입되었습니다. 첫 해에는 100구좌의 모집에서 69구좌, 약 150명 정도가 신청하였습니다. 주인이 되면 지역의 사람들과 함께 모내기와 벼 베기를 즐기고 수확한 쌀의 20kg과 싱싱한 야채를 제공받게 됩니다. 주인의 구성으로는 절반이 미에현이고, 다음으로 아이치현과 오사카 순으로 많고, 나머지는 사이타마현에서 시마네현까지 전국적으로 확산되고 있습니다. 회사원이 많은 것이 특징입니다. 그 중에는 멀어서 축제에는 참가할 수 없지만 「전통방식의 일본 농업을 지키고 싶다」며 후원을 해주는 분들도 있습니다. 1997년부터는 한 구좌 당 연회비를 35만 원으로 모집중입니다.

복전된 마루야마 센마이타의 봄과 가을 풍경

「논의 복전이 진행됨에 따라서 많은 관광객이 방문하게 되어 지역 주민들과의 교류가 시작되었습니다. 작은 마을 안의 작은 고리가 조금씩 커져서, 모두의 마음이 밝아지고 있다는 것은 커다란 효과」라고 마을에서는 평가하고 있습니다. 마루야마 센마이타 보존회의 활동으로 1996년도 미에현 헤이세이 문화상도 수상한 바 있습니다.

오너제도는 현 상황에서는 노동력 부족의 근본적인 해결책이 되지 못하고 「평소의 유지관리는 농가의 노인에게 의존하고 있는 게 현실」입니다. 하지만 1997년 1월에는 모노레일이 설치되어 계단식 논 전체의 2분의 1부분에서, 비료나 벼 등을 올리고 내리는 작업이 편해졌습니다. 그리고 최근에는 한명의 젊은이가 귀촌하는 등 밝은 소식도 전해지고 있습니다.

사진제공 : 키와쵸복지과, 마루야마 센마이타 보존회

센마이타 조례

1994년 3월, 키와쵸 의회에서 제정되어 9월부터 시행되었다. 「센마이타는 선조들에게 물려받은 귀중한 문화유산으로 전국적으로도 매우 드물어 그 존재성이 주목되고 있다. 이 귀중한 자원을 보호하고 후세에게 계승해 나가는 것은 매우 중요하며, 효율적으로 활용하는 것이 우리들에게 주어진 의무이다」라고 하여, 3조에서 5조까지 마을 및 주민과 소유자를 보호하기 위해 협력해야 하는 의무를 규정하고 있다. 그리고 「필요한 경우에는 보호구역을 지정하고, 소유권이전, 벼농사의 변경 등을 할 때에는 마을에 신고해야한다. 대가로 마을은 보호구역 내의 소유자를 지원한다」는 항목도 포함되어 있다.

인터뷰

" 이 아름다운 풍경을 꼭 보러 와주세요 "

마루야마 센마이타 보존회 회장
키타 후지오 (63세)

모내기가 끝나고, 물이 가득 찬 논밭에 비치는 저녁노을과 황금색으로 물든 가을하늘의 구름과 논밭이 자아내는 다양한 광경은 정말 멋집니다. 여러분도 꼭 보셨으면 합니다. 예전부터 황폐해진 논밭을 바라보는 것은 괴롭고 선조들에게도 죄송스러울 따름이었는데 이장님께서 말씀하셨을 때 무척 감사했습니다.

당시 경작하던 면적은 약 5헥타르였는데, 나중에는 잡목림이 되어 원숭이와 멧돼지까지 나오는 심각한 상태였습니다. 잡목을 베고 뿌리를 뽑아서, 물에 젖지 않도록 바닥을 두드리고 다지는 작업은 엄청난 수고와 노동이 필요했지만, 지금은 1340마지기까지 복전되었습니다.

다행히 4곳의 논바닥에서 솟아나는 깨끗한 물과 남서쪽 사면에서 빛이 들어오는 시간이 길다는 좋은 조건이 겹친 덕분에, 센마이타의 쌀은 맛있다는 평을 받고 있습니다.

농약도 쓰지 않았습니다. 지금은 자주(自主) 유통미로 「센마이타 미(米)」라는 브랜드도 생겨 측근들의 선물로도 호평을 받고 있습니다. 앞으로 도시 등 여러 사람들과의 교류를 통해서 이해를 구하고, 지원과 협력을 받으면서 최고의 다랭이논으로 남고 싶습니다.

다세대가 참가하는 자연과 건강지향의 이벤트

[도네강변을 걸어보자~ 물 워크 '95]

돈을 들이지 않고도 건강증진에 도움이 되는 워킹과 하천에 대한 관심을 결합시킨 [물 워크]는 1도(都) 5현을 흐르는 도네강을 따라 자신의 페이스로 걸어보는 시민참여 행사입니다.

하구에서 원류까지 6개소에서 대회 개최

1994년에 총리부가 시행한 여론조사에서 「1년 동안 진행한 운동 · 스포츠」 중에서 「워킹」부분이 남자 23.7%, 여자 24.8%로 골프와 테니스를 제치고 1위를 차지하였고 「앞으로도 계속하고 싶은 운동」에서도 남녀 모두가 1위로 꼽았습니다.

이 「걷기」운동과 물과 강으로의 관심을 연결한 것이「물 워크 '95」입니다. 요미우리신문사와 (사)일본걷기협회가 실행위원회를 만들어 국제 및 일본시민 스포츠연맹 공인대회로, 수도권을 흐르는 관동 제일의 큰 강인 「도네강」의 하구에서 원류 사이에 6지점을 선정하여 대회가 열렸습니다. 코스는 10Km와 20Km가 있으며 자신의 페이스에 맞게 선택하여 걷습니다. 참가비는 일반이 500엔, 중학생 이하는 300엔입니다.

어느 대회에서나 향토예능을 선보이며 특산품이나 선물 등이 있고, 물가에 친숙해질 뿐만 아니라 향토에도 친숙해지는 행사가 되고 있습니다.

각 대회의 걷기 회원을 비롯해, 널리 수도권과 개최지 주변의 시민들 1000~1500명이 참가하여 호평을 얻고 있습니다. 참가자의 절반이상은 건강지향 세대라고 불리는 40대에서 60대인 장년층과 노년층입니다. 남자는 「혼자서 참여」가 제일 많고 여성은 「친구와」「가족과」 함께하는 연대형의 참여가 두드러집니다.

「물 워크 '95」 보고서(요미우리신문사, 1996년 1월)에 따르면 「자녀교육이 끝난 여성이 자연과 건강을 적극 지향하는 것에 반해서, 일 중심인 남성은 정년을 앞두거나 정년 후에 겨우 아웃도어 활동에 참가하는 경향이 반영되고 있다」라는 분석도 나와 있습니다.

1996년에는 8번의 대회로 확대

요미우리신문사는 「고령화 사회에서 건강증진과 수자원이나 물 주변 환경에 대한 시민의 이해를 돕는 의미 있는 행사」로 앞으로도 매년 계속 될 것이라고 합니다. 1996년에는 8번의 대회가 열렸고, 2000명에 달하는 규모로 진행되었습니다. 향후의 계획으로는 참가자의 확대와 초 · 중학교 학생들의 참여 증가, 상승효과가 기대되는 지역행사 개최와의 도킹 등입니다. 어쨌거나, 모든 대회에서 「처음 참가한 사람」이 3분의 1을 넘고 「기회가 된다면 걷고 싶다」라는 잠재수요도 많아서, 참여자 증가의 가능성은 높다고 보고 있습니다.

향토예능을 피로하는 지역 사람들

자연을 감상하면서 걷고 있는 참가자들

● 「물 워크 '95」의 개최지와 각지의 특색

◎ 수상(水上)대회
(11월19일)
· 1000명 참가
· 「야기마디」 연주
· 도네강 사진첩(완주자)
· 온천입욕 할인권
· 특산품 판매

◎ 구리바시(栗橋)대회
(10월10일)
· 1300명 참가
· 연 날리기
· 취주악 연주
· 오오토네산 쌀(참가상)
· 농산품 직매

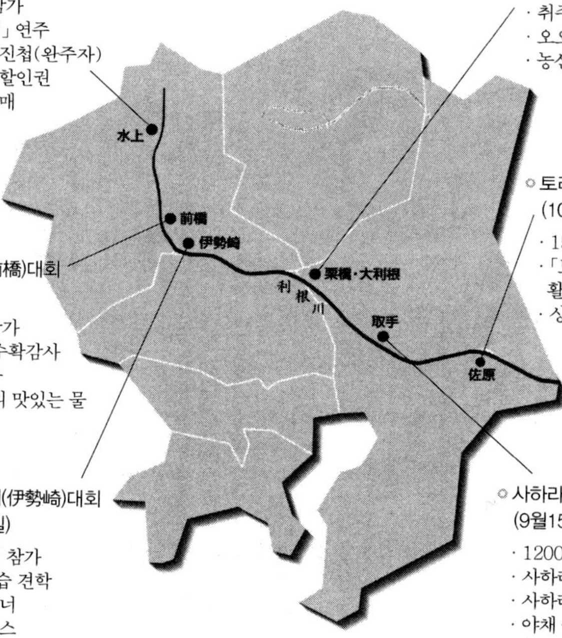

◎ 토리데(取手)대회
(10월1일)
· 1500명 참가
· 「토네 생두부」를 활용한 「축제」
· 싱싱한 야채 판매

◎ 마에바시(前橋)대회
(10월29일)
· 1000명 참가
· 현 주최 「수확감사제」와 연동
· 마에바시의 맛있는 물(참가상)

◎ 이세자키(伊勢崎)대회
(5월20일)
· 1000명 참가
· 수방연습 견학
· 배식 코너
· 빵과 주스

◎ 사하라(佐原)대회
(9월15일)
· 1200명 참가
· 사하라 제례악 연주
· 사하라쌀 무료배포
· 야채 등의 직판매
· 갓 친 떡

▶ 사업주체

실행위원회 … 요미우리신문사, (사)일본 걷기 협회
후　　원 … 건설성, 치바현, 이바라키현, 사이타마현, 군마현, 개최현 시읍면, TONE21
특 별 협 력 … 관동건설 홍제회, 환경관리재단

사진제공 : 요미우리신문사

마을에서 임하는 주택개조

[복지 마을만들기 워킹그룹]

아키타현 타카노스쵸

「우리가 사는 마을은 우리들이 생각한다」 라는 마음으로 모여든 주민들이 정든 마을과 자택 안에서 앞으로의 생활을 유지해 나가기 위해서는 어떻게 하면 좋을까, 라는 문제 해결 방안에 대한 활동 및 제언을 합니다. 복지 마을만들기 워킹그룹의 마츠하시 마사코씨에게 도움을 받았습니다.

시작의 계기는 「여기 모여라!」

아키타현 타카노스쵸는 1992년 4월 학식경험자, 복지관련 전문적 지식을 가진 멤버 15명에 의한 「복지 마을만들기 간담회」를 설치하고, 23세부터 77세까지의 문제의식을 가진 주민 60명이 모여서 행정과 하나가 되어 간담회를 시발점으로 주민들의 자원봉사에 의한 워킹 그룹을 발족하여 활동이 시작되었습니다.

처음에는 6그룹으로 나뉘어, 실제로 자택에서 가족이 간호를 하고 있는 가정을 방문하여 실태를 파악하고 문제점을 알 수 있었습니다.

※평균연령인 60대는 고령인가?
이것은 청년층의 낮은 의식 현상

그 문제점을

1.「바로 가능한 것」(자신들 스스로 가능한 것)

2.「조금 연구하면 가능한 것」
  (주민+행정에서 가능한 것)

3.「예산화하지 않으면 불가능한 것」
  (사업화하지 않으면 불가능한 것)

으로 분류, 공통과제를 정리하고 테마를 정하여 현재는 7개의 테마로 활동 중에 있습니다.

워킹그룹은 공통인식으로 스텝 업

5년째에 들어서 멤버가 150명으로 발족당시보다 2배로 증가하였고, 각 그룹이 정기적으로 토의와 활동을 진행하며 그룹의 대표가 격월에 1회(필요에 따라 횟수는 늘린다) 운영위원회를 개최하여 그룹 상호 간의 활동 상황을 보고하고 있습니다. 또한 년 2~3회 진행되는 전체회의에서는 이장과 행정 담당이 함께 검토에 참가하여 각

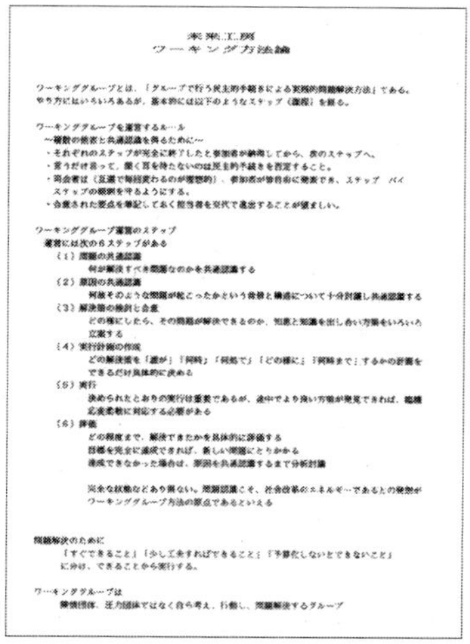
ワーキング方法論

ワーキンググループとは、「グループで行う民主的手続きによる実践的問題解決方法」である。
やり方にはいろいろあるが、基本的には以下のようなステップ（過程）を経る。

ワーキンググループを運営するルール
〜複数の意思と共通認識を得るために〜
・それぞれのステップが完全に終了したと参加者が納得してから、次のステップへ。
・言うだけ言って、聞く耳を持たないのは民主的手続きを否定すること。
・司会者は（互選で毎回変わるのが理想的）、参加者が皆自由に発言でき、ステップ バイ ステップの規則を守るようにする。
・合意された要点を筆記しておく報告者を交代で選出することが望ましい。

ワーキンググループ運営のステップ
運営には次の6ステップがある
（1）問題の共通認識
何が解決すべき問題なのかを共通認識する
（2）原因の共通認識
何故そのような問題が起こったかという背景と構造について十分討議し共通認識する
（3）解決策の検討と合意
どの様にしたら、その問題が解決できるのか、知恵と知識を出し合い方策をいろいろ立案する
（4）実行計画の作成
どの解決策を「誰が」「何時」「何処で」「どの様に」「何時まで」するかの計画をできるだけ具体的に決める
（5）実行
決められたとおりの実行は重要であるが、途中でより良い方策が発見できれば、臨機応変柔軟に対応する必要がある
（6）評価
どの程度まで、解決できたかを具体的に評価する
目標を完全に達成できれば、新しい問題にとりかかる
達成できなかった場合は、原因を共通認識するまで分析討論

完全な状態などあり得ない。問題認識こそ、社会改革のエネルギーであるとの発想がワーキンググループ方法の原点であるといえる

問題解決のために
「すぐできること」「少し工夫すればできること」「予算化しないとできないこと」に分け、できることから実行する。

ワーキンググループは
陳情団体、圧力団体ではなく自ら考え、行動し、問題解決するグループ

전체회의 풍경

각 그룹의 보고회

그룹의 활동계획과 새로운 문제제기, 해결을 위한 실천계획 및 실천 후의 자기평가 등을 보고하고, 납득한 후에 다음 스텝으로 올라가는 방법으로 진행되고 있습니다.

재택개호 서비스와 주거환경은 뗄레야 뗄 수 없는 사이!

7개의 테마를 살펴보면, 내가 지금 살고 있는 익숙한 지역과 자택에서의 생활을 이어가고 싶어 하는 생각을 가진 사람이 많다는 것을 알 수 있습니다. 현재 타카노스 마을의 주택사정은 단독주택 소유지향이 강한 8할이 자가(自家)이며, 그 대부분이 목조주택입니다. 또한 가족형태는 2, 3가구의 동거도 많지만, 산간지역에서는 동계기간의 교통의 불편함 때문에 젊은 부부가 마을의 토지를 구해 독립해 나가고, 고령기를 맞이하는 부부 세대만이 남게 되는 경우도 적지 않습니다. 그리고 지금까지는 가정이나 주택사정, 공적 개호서비스 지연 등의 이유로 할 수 없이 시설입소의 시기를 기다리는 상황이었습니다.

하지만 시설입소를 선택하지 않아도, 재택 개호에 소요되는 가족에 대한 부담경감이나 그것을 유지하기 위한 공적개호 서비스의 충실, 그리고 무엇보다 주택이 안전하고 안심하며 생활을 지속할 수 있는 기능을 개선함에 따라, 시설에 입소하지 않아도 본인이나 개호하는 가족이나 변함없이 자택에서 생활 할 수 있는 것입니다.

그래서 저희들은 재택케어를 생각하기 위해서 먼저 「살기 좋은 생활, 주거 환경」에 대해서 생각해 보기로 했습니다.

멤버의 구성

건축사 2명, 목수 3명, 이학요법사 1명, 간호사 OB 1명, 개호경험자 2명, 휠체어 이용자 1명, 홈 헬퍼 2명, 민생위원 5명, 일반남녀 8명, 건축자재 · 복지기기 메이커 2명, 합계 27명

그룹에서 문제해결을 위한 계획을 검토하고 실천합니다. 멤버는 회사에 다니는 사람이 많아서 대부분의 모임은 저녁에 이루어지지만, 매일이 아니기 때문에 주부들도 시간을 맞춰 참여하고 있습니다. (이번 기회에 남편의 자립을 재촉하는 것입니다.…주부멤버)

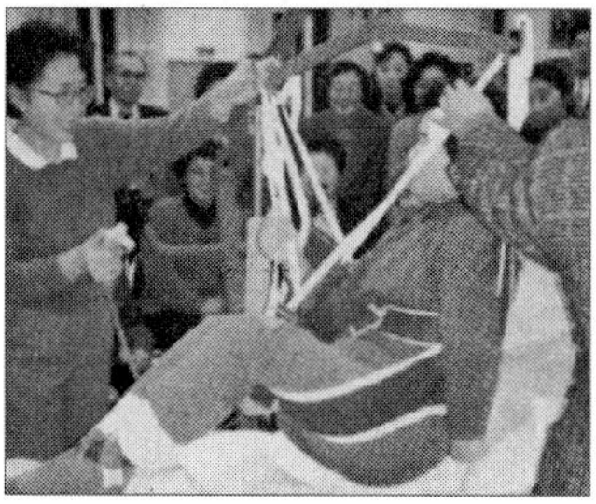

6그룹에 의한 보조기기의 올바른 이용법에 대한 강습 풍경.(재택개호에 빠질 수 없는 보조기구의 이용확대를 도모하는 6그룹과의 연계도 주택개조에 있어서 중요한 과제)

만드는 사람과 생활하는 사람 모두를 생각하자

처음은 「만약에 어쩔 수 없이 휠체어로 생활하게 된다면, 자신의 집에서 일상생활이 가능할까」에 대해 검토해본 결과, 멤버 대부분의 집에서는 무리라는 것을 자각하게 되어 다시 가까운 곳에서부터 되돌아보기로 했습니다.

멤버 중에 휠체어 이용자인 남성에게 장애를 짊어진 채 자택에서 생활하기 위해서 몇 번이나 실패를 반복하면서 집을 개조한 체험담을 듣고, 실제로 마을 안에서 자택을 개조해서 생활하고 있는 가정에 견학을 가거나, 정보수집과 지식향상을 위해 다양한 연수와 강습에도 참가해 왔습니다. 그리고 자립된 일상생활을 보내기 위해서 진행하는 주택개조도 기능을 충실히 하기 위해서는 보조기구의 도입도 동시에 배려해 가는 것이 중요한 포인트입니다. 공적 서비스로써의 일상생활용구 급부제도 등 지자체로부터의 보조기구의 대여 등을 효과적으로 이용하면서 안전하고 보다 나은 생활,

◆ 제도보다 먼저 주택개조 팀을 만들자

현재, 마을에는 리폼헬퍼 제도나 주택개조에 대한 조성(造成)제도는 정비되어 있지 않습니다. 그러나 제도는 없어도 자택에서의 생활을 희망하는 사람들에게 보다 나은 환경을 제공하기 위해서는 형태만 갖춘 시스템보다도 현장의 목소리를 듣고, 실행가능한 팀의 결성을 원하고 있었습니다.

리폼헬퍼 제도란?

전국적으로 1993년도부터 도입된 후생성 「리폼헬퍼 제도」는 보건, 의료(이학요법사, 작업요법사, 간호사), 복지(소셜워커 개호복지사), 건축(시공업자, 건축사)이 팀을 이루어 주택을 방문하여 주택개조의 검토를 하는 경우에 인건비를 지원하는 제도

주거환경을 확보할 수 있도록 필요에 따라서 다른 그룹과 함께하는 활동도 하고 있습니다.

하루 빨리 할아버지를 집에 모셔오고 싶다

이때, 원 멤버로부터 주택개조 상담이 접수되었습니다. 곤도씨의 경우 양친, 곤도씨 부부, 어린이 3명, 합계 7명인 3가구가 같이 살고 있었습니다. 뇌경색으로 쓰러져 입원 중인 할아버지의 퇴원이 약 한달 정도 후라고 들어, 퇴원과 동시에 자택으로 모셔오고 싶다고 하며 주택개조를 진행하고자 했습니다.

즉시 현장조사 일정을 정하고, 당일은 워킹그룹 멤버 전원이 참여하여 가족들에게 할아버지의 상태와 귀가후의 생활 패턴, 가족들의 개호방법 등을 알아보고, 현장에서 주택개조 방법에 대해서 검토하여 다음 날 할아버지의 외박허가를 얻어 최종적으로 체크하기로 했습니다.

일주일 후, 외박허가를 받아 귀가한 할아버지는 휠체어에서 일어서는 일 조차 가족의 도움 없이는 불가능한 상황이었지만, 화장실이나 복도의 보조 손잡이의 높이를 체크할 때에는 적극적으로

현지 조사사진 (1)
주택 개조를 하는 경우, 누가 어떤 식으로 관여하여 어떻게 조정되고 공사가 이루어지는지에 대해 알아보자

현지 조사사진 (2)
현관의 단차 : 건강한 멤버도 오르내리기 힘들고, 이곳을 이용하는 것은 가끔 방문하는 건강한 손님에 한정한다는 말인가?

도전해 주셨습니다(당일 담당 이학치료사로 부터 본인의 평가리포트를 받고, 그것을 바탕으로 멤버의 이학치료사가 상황을 체크).

주택개조의 현장조사에서 귀가의 희망이 커진다

할아버지와 함께 결정한 개조안의 계획안이 완성되어, 퇴원까지 약 1개월 동안 개조공사에 착수할 무렵「지난번 외박 이후로 집에 돌아갈 수 있다는 확신을 느껴, 적극적으로 재활치료에 임했다」라고 곤도씨로부터 연락이 와서, 공사를 진행하는 멤버들도 마음이 들떠서 더욱 손에 힘이 생겼습니다.

당초 휠체어로의 이동을 생각했는데, 자립보행이 가능해 외부로의 출입을 침실에서부터 가능하게 뒤쪽 현관에서부터 들어올 수 있도록 계단을 경사면으로 개조하고 손잡이를 달도록 하였습니다.

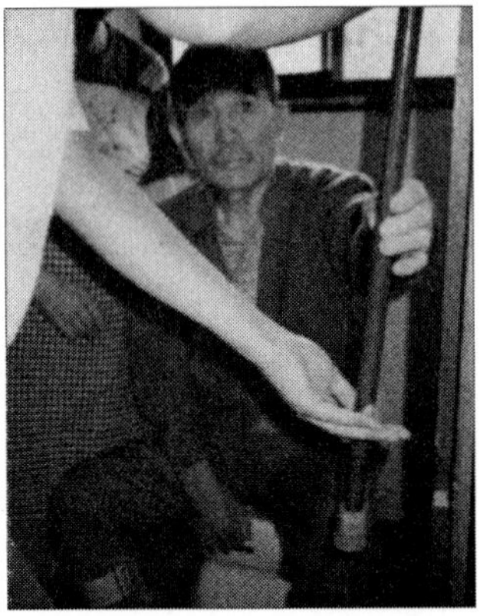

손잡이 설치를 위해 신체 상태와 손이 닿는 위치, 앉은 키 등을 고려하여 적절한 위치를 알아본다.

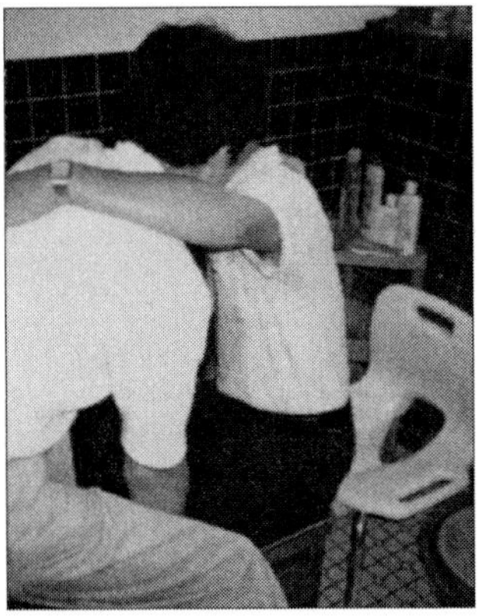

안전하게 입욕할 수 있도록 자신의 신체로 케어어드바이스를 받는 K씨 (흰색 셔츠의 남성이 멤버 PT)

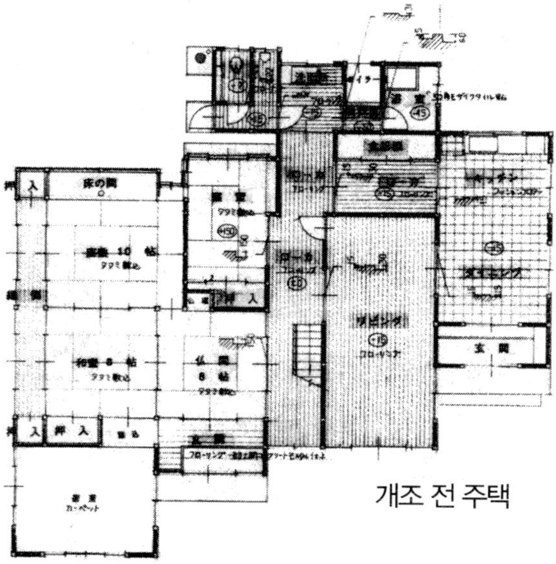

개조 전 주택

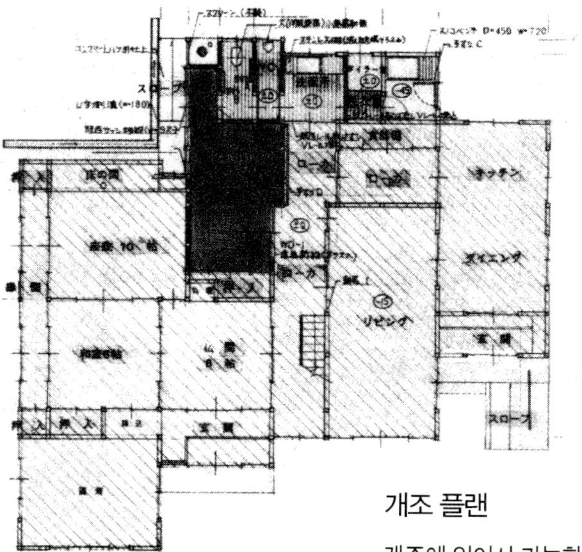

개조 플랜

개조에 있어서 가능한 한 자립된 일상 생활동작을 확보하고, 안전을 우선으로 쾌적한 생활 · 주거환경을 고려했다.

개조 전 침실과 복도의 단차

단차해소 공사 중인 침실

개조 후의 침실

개조 전의 화장실 (복도, 세면실에서 출입하게 되어있다)

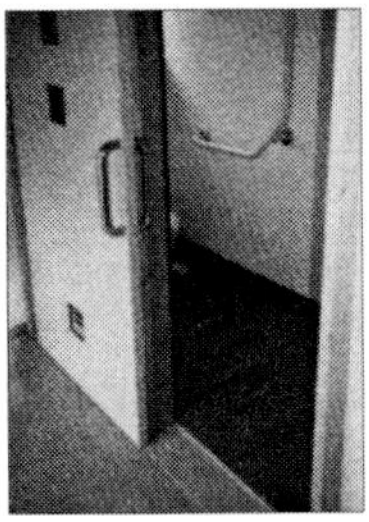

개조 후의 화장실 (침실에서도 바로 출입이 가능하다)

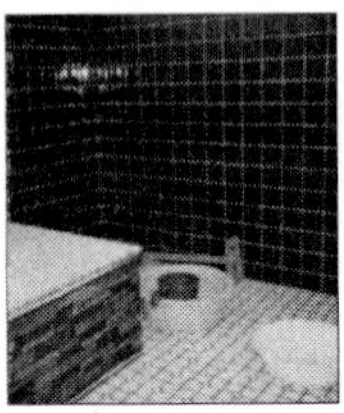

개조 전의 욕실

손잡이 기초 자재 보강 공사 중

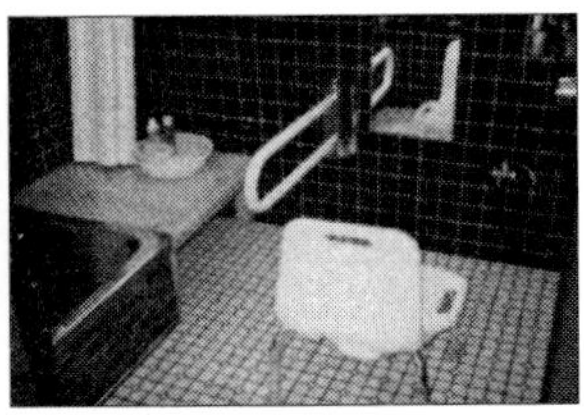

개선 후의 욕실

재택케어를 유지하는 주거환경 개선 및 가족과 지역사람들 마음의 베리어프리

퇴원 후인 3주 뒤에 곤도씨의 집을 방문해보니, 할아버지는 손자와 함께 거실에서 텔레비전을 보고 있었습니다. 「이동은 휠체어와 자립보행 반반으로 하고 있는 상태입니다」라며 옆에서 미소 지으시는 할머니. 개조하고 나서 6개월이 지난 후에 재방문 했을 때 할머니께서는 부엌에서 식사 준비에 한창이셨고 할아버지는 어디에 계시냐고 묻자, 혼자서 화장실을 이용하는 중이셨습니다.

퇴원 후에도 스스로 걷기연습을 계속하였고, 일주일에 한 두번은 병원에서 재활치료를 받으며 자택 복도에서 개인훈련을 하고, 날씨가 좋은 날에는 할머니와 집 근처의 다리까지 나와서 이웃 분과 인사도 나누며 느긋하게 산책을 즐기고 있다고 합니다.

인터뷰

" 가족의 품으로 돌아오게 되어서 정말 다행이다 "

곤도 요시히로 (71세)

쓰러졌을 때에는 자포자기 상태로 재활치료도 제대로 받지 않아 회복이 느렸다. 하지만 가족들 덕분에 다시 집에 돌아올 수 있어서 너무 좋다. 가족과 함께 식사를 하면, 손주가 자신이 좋아하는 것을 권해주기도 하고, 친구와 가족들의 목소리를 듣는 것만으로도 즐겁다.

◆ 워킹의 심볼 마크

워킹의 심볼 마크

떡잎이 나란히 맞닿아 워킹의 첫 글자인 W모양을 한다. 땅에는 작은 새싹이 싹트기 시작하는 모습이 그려져 있다. 계속해서 마을만들기 새싹을 늘려 나가자.

실제로 아픈 노인을 돌보며 생활하고 있는 가족이나 요양간병인 본인은, 현재의 생활을 유지하기 위해 필사적인 상태에서 주택개호에 의하여 쾌적한 생활을 얻을 수 있다는 사실 등을 생각조차 할 수 없기 때문에, 전문직만이 아닌 멤버 전원이 현장에 가서 [상담→검토→공사→팔로우 업]까지의 과정에 동참시킴으로써, 삶의 방법에 대한 이해의 폭을 넓혀주고 일상생활에서 나타나는 문제점을 주민 스스로 발견하는 능력을 키워 줌과 동시에 주택개조에 대한 의미와 중요성, 더불어 가정 내의 사고 예방이나 만약을 대비하여 주택개조의 필요성을 알 수 있는 계기가 되었으면 좋겠다고 생각합니다. 하지만 아직은 자원봉사활동만으로 조금씩 진행하고 있기에 조금 더 제대로 된 시스템이 필요한 것 같습니다. 지금까지의 활동을 통해 단순히 진단이나 상담 받는 것만이 아니라, 공사의 검토 단계부터 완성된 후의 팔로우 업 단계까지 제대로 이루어지는 것이 중요한 것임을 알게 되어 그러한 시스템화의 실현방안을 현재 행정부서 그리고 지역주민과 함께 검토 중에 있습니다.

타카노스쵸「복지의 마을만들기」 워킹그룹 M's 설계실 주재

마츠바시 마사코

본 원고의 일러스트 · 그림 · 사진 : 마츠바시 마사코

복지 · 의료 · 건축분야의 연대에 의한 주택상담과 개조의 실천

[키타큐슈시의 건강한 주택추진협의회]

후쿠오카현 키타큐슈시

키타큐슈시에서는 건축사나 시공자, 이학요법사, 작업요법사, 간호사 등 민간의 다양한 업종들이 참여하는 「키타큐슈시 건강한 주택추진협의회」의 도움을 받아, 민관의 연대에 의한 고령자의 주택리폼 상담 사업이 이루어지고 있습니다.

정령(政令) 지정도시 중에서 가장 높은 고령화율

구 야하타 제철소를 중심으로 한 공업지대로 발전해 온 키타큐슈시. 그러나 석유파동 이 후 산업구조의 변화로 인하여 젊은 노동력들이 마을 외곽으로 빠져나가 고령자들만이 남겨지고 있다. 1985년도의 고령화율이 전국과 동일한 10.3%에 달하고, 그 후로는 전국을 뛰어넘는 속도로 진전하여 1996년도에는 16%를 넘어서 정령지정도시에서도 가장 높은 고령화율을 가진 도시가 되었습니다. 그리고 부부 또는 독신의 "고령자만의 가구"가 고령자를 포함한 가구 전체 수의 약 반 정도를 차지하고 있습니다. 젊은 시절부터 살아온 곳에서 그대로 살고 있는 고령자만의 가구도 많으며, 주택의 노후화까지 진행되고 있습니다.

다양한 업종들이 참여하는 협의회의 발족

이런 와중에 키타큐슈시에서는 1988년에 21세기를 위한 시의 마스터플랜으로 「키타큐슈시 르네상스 구상」을 하게 되었습니다. 이 구상에 따라 1989년도에 「지역 고령자 주택계획(키타큐슈시 실버하우징 구상)」이 책정되어 몸이 다소 불편해진 고령자를 배려한 주택을 "건강한 주택"으로, 건강상태가 상당히 떨어지는 고령자도 안심하고 생활하는 주택을 "보살핌 주택"이라고 칭하여, 100만 시민의 생애주택 만들기를 추진하게 되었습니다.

1991년 3월에는「고령자 주택설계 지침」을 작성하고, 시영주택에서는 모든 신규건설 및 주호(住戶)개선에서 건강한 주택사양을 채용하고 실버하우징 "교감하는 마을"의 정비를 추진하는 등 건축행정과 복지행정이 연계하여 고령자주택 사업에 매진하고 있습니다. 하지만 한편, 민간주택에 있어서는 노령화의 대응에 진전이 없어서 건강한 주택 · 보살핌주택의 보급이 긴급한 과제가 되었습니다.

그래서 민간 건축, 의료, 복지와 관련한 단체와 개인이 연대하여 민간에서의 고령자주택 보급사업에 매진하는 것을 목표로 시의 요청에 따라 1994년 7월에「키타큐슈시 건강한 주택 추진협의회」가 결성되었고, 그 후 협의회 회원들이 고령자 등을 위한 주택리폼 상담을 같은 해 10월부터 진행하게 되었습니다.

고령자 등 주택리폼 상담사업

키타큐슈 시에서는 1993년도부터 고령자와 관련한 상담을 일원적(一元的)으로 접수하는 창구로 시내의 각 보건복지센터에「연장자 상담 코너」를 개설하였습니다.

고령자등 주택리폼 상담은 연장자 상담 코너에서 매월 둘째 주 목요일에 진행되며, 상담원 연수(시와 협의회의 공동주최)를 받은 건축사가 상담에 응하고 있습니다.

상담 결과 필요한 경우에는 건축사, 이학요법사 또는 작업요법사, 보건사 등으로 편성된 리폼 지원팀이 고령자의 주택을 방문하여 주택의 구조와 신체 상태 등을 보고 판단하여 진단표를 작성하고, 간단한 개량 제안도면을 완성합니다.

건축사가 이학요법사나 작업요법사 등과 협력함으로써, 개호(介護)기구 등을 사용하여 개조하지 않아도 생활이 될 수 있게 하는 등 효율적인 대응이 가능해 졌다고 합니다.

게다가 1996년 7월부터 「키타큐슈시 건강한 주택개조 조성사업」[*1]이 개시되고 주택개조의 자금적인 부분도 뒷받침되어, 고령자 등의 주택리폼 상담 건수는 당초에 비해 부쩍 늘고 있습니다.

협의회의 연수를 받은 상담원은 151명(1997년 1월 현재)입니다. 희망자가 늘어나서 상담순서가 빨리 돌아오지 않는다는 볼멘 목소리도 들리는 상황입니다.

협의회에서는 상담 외에도 레벨 업 강습회를 개최하거나, 정보지 「스코야카(건강)」를 발행하는 등 다양한 연수와 계몽활동이 활발하게 진행되고 있습니다.

키타큐슈시의 고령자를 위한 주택리폼 상담의 성공에는 「건강한 주택, 보살핌 주택을 넓혀가고 싶다」는 협의회의 열의와, 그것을 순조롭게 진행할 수 있는 시스템을 만들어준 키타큐슈시 등 민관의 협력체계에 의한 부분이 컸다고 말할 수 있겠지요.

[*1] **"키타큐큐슈시 건강한 주택개조 조성사업"**

개호를 필요로 하는 고령자 · 장애자 등이 거주하는 주택을 개조할 경우 개조비의 일부 혹은 전부를 조성하는 사업(조성액 한도 50만 엔). 대상은 저소득층임.

키타큐슈시 건강한 주택추진협의회 가입단체 등

- 설립년도

1994년 7월 28일

- 「키타큐슈시 건강한 주택추진협의회」 참가회원 (1997년 2월말 현재)

(1) 단체회원 : 10단체

사단법인 후쿠오카현 건축사회 키타큐슈지부

키타큐슈 주택산업협의회

사단법인 신일본건축가협회 북후쿠오카회

키타큐슈 주택간담회

키타큐슈 건축설계감리협회

키타큐슈 목재공동조합

사단법인 후쿠오카현 건축사사무소협회 키타큐슈지부

키타큐슈시 주택리폼촉진협의회

사단법인 후쿠오카현 건축사사무소협회 와카마쓰지부

키타큐슈시 주택공급공사

(2) 특별회원 : 3단체

사단법인 키타큐슈시 사회복지협의회

사단법인 후쿠오카현 작업치료협회

사단법인 후쿠오카현 이학요법사회

(3) 개인회원 : 약 200회원 (개인 · 사무소)

- 「키타큐슈시 건강한 주택촉진협의회」 조직

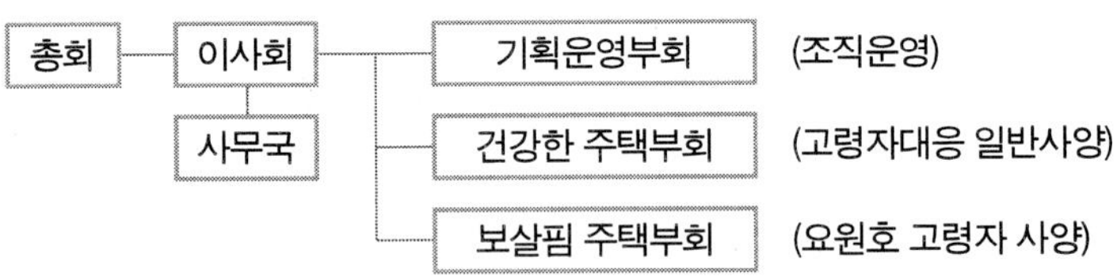

주택의 개선제안 사례

리폼지원팀이 방문하여 주택의 개선제안과 그 중에서 조성(造成)대상이 되는 공사내용을 표시한 진단표를 작성(그림 중 제안한 모든 것이 조성대상은 아니다).

● 화장실 ● 세면대 · 탈의실

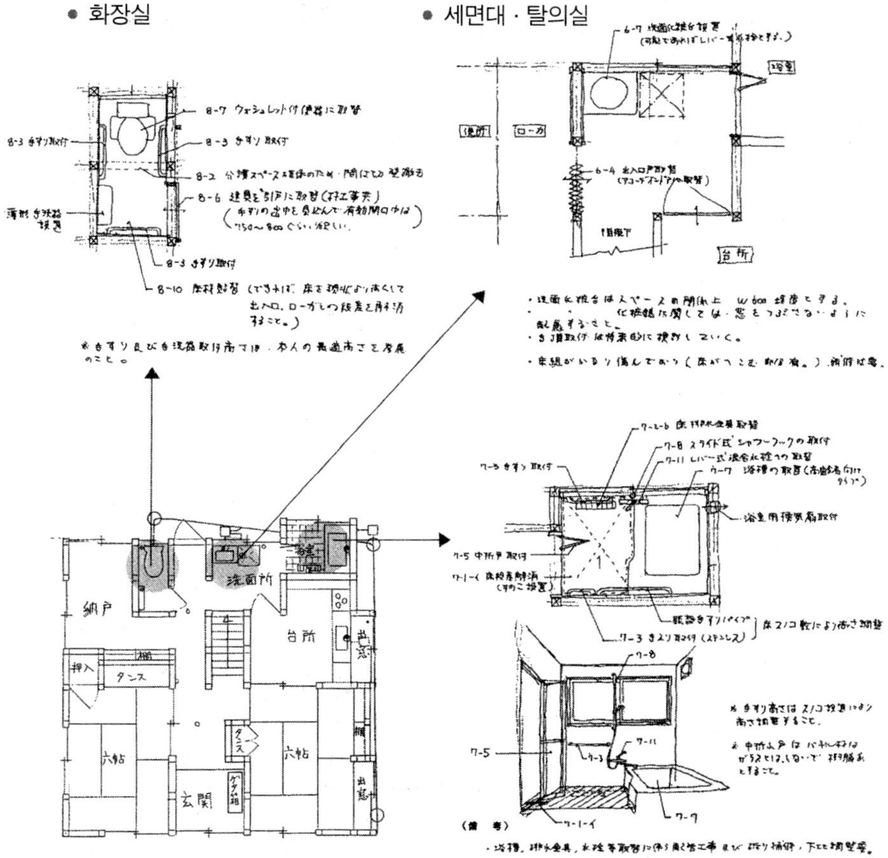

도면제공: 키타큐슈시 건강한 주택 추진협의회

협의회 회원 **인터뷰**

" 고령화 대응을 마을 전체로 넓히고 싶다 "

고바야시 마사키씨, 안도 히데오씨, 카야 켄지씨

키타큐슈시의 건강한 주택추진협의회의 활동 상황에 대해서, 협의회 회원 세분의 이야기를 들어 보았습니다. 고바야시씨와 안도씨는 건축사로 고령자 주택리폼 상담을 맡고 있으며 카야씨는 실제 주택개조공사에 종사하고 있습니다.

● 상담을 통해서 문제점을 대책으로 피드백

협의회 창설당시, 회원 분들의 고령화에 관한 의식은 별로 높지 않았다고 합니다. 「저도 예전에는 별로 고령이나 장애를 생각하지 않고 주택설계를 해왔습니다. 처음에는 주택메이커 중에서 고령자 사양의 주택은 팔리지 않는다는 의견도 있을 정도입니다」라는 고바야시씨의 이야기. 협의회를 계기로 건축사 분들이 지금까지 알지 못했던 요법사 등의 분야를 접하고 공부를 거듭하여 고령화 대응의식이 조금씩 침투되어 왔습니다. 하지만 상담 개시 초기에는 아직 조성제도도 없고 자금이 부족하여 개조진행에 무리가 있어 좀처럼 건축 상담이 이루어지지 않아 곤란했습니다. 「그래서, 우리들은 계속해서 행정에 개조 공사비의 조성제도를 만들도록 요청했고, 드디어 1996년에 조성제도가 생겼습니다. 그 후로는 문제도 명확해지고 본래의 주택 상담이 가능해졌습니다. 협의회와 행정이 연대하여 단계적으로 문제를 대책으로 피드백해 나갑니다」라고 안도씨는 이야기합니다.

● 고령기 생활을 공감하는 커뮤니티 형성이 중요

고령화 대응의식이 침투함에 따라, 지역의 마을만들기로 전개되는 조짐도 보이고 있습니다. 카야씨는 시공의 경험 중에서 「욕실 · 화장실의 개조 공사 중에는 수일간 사용할 수 없게 되는 경우도 있습니다. 임시 욕실이나 화장실의 설치는 돈이 들지만, 평소 이웃집과 사이가 좋으면 도움을 받는 것이 가능합니다. 고령기

왼쪽부터 카야씨, 안도씨, 고바야시씨

에는 같은 지역에 사는 이웃들과의 교류가 중요합니다」라고 설명해 주었습니다. 협의회 회원이 설계한 고령자용 주택 중에는 담장을 조금 후퇴시켜서 길을 따라 손잡이를 설치하여 나뿐만 아니라 이웃사람들도 함께 사용할 수 있도록 만든 사례도 있다고 합니다. 「저도 이웃사람들과의 관계가 지속될 수 있도록 정원 안에 벤치를 놓아 이웃이 쉴 수 있도록 하였습니다. 고령화 사회에 있어서, 마을만들기에 대해서도 여러 가지 생각을 하게 되었습니다. 고령기의 자립된 생활에는 물리적인 부분만이 아닌 커뮤니티 형성도 매우 중요합니다」라고 말하는 고바야시씨.

고령자 생활협동조합에 의한 마을만들기

[미에현 고령자 생활협동조합]

미에현 마츠자카시

일본에서 처음으로 고령자 자신이 생활 전반을 유지해 나가는 생활협동조합이 1995년 겨울에 설립되어 건강관리와 헬프 서비스 · 주택개조 · 고령자의 일자리 창출 등 다양한 상호부조 활동을 전개하고 있습니다.

수동형 복지에서 참여형 복지로

미에현의 고령자 생활협동조합은 일본 최초의 고령자들에 의한 생활협동조합입니다. 고령화 사회를 맞이하여 「자조」와 「공조」의 필요성이 제창되고 있는 가운데, 자신의 힘만으로는 고령기를 극복할 수 없고 또한 복지행정에 바라기만 하는 수동형복지가 된 상황에서, 정말 보람 있는 고령기를 보내기 위해서는 고령자끼리 서로 돕는 참여형 복지(즉 「협조」)를 하는 것이야말로 중요하다는 것이 협동조합설립의 취지입니다.

고령자 생활협동조합 사무국 1층은 건강식 레스토랑이다.

일본에서 65세 이상의 고령자 가운데 8할 이상은 건강한 고령자입니다. 건강한 고령자들이 모여 쇠약해진 고령자들의 일상을 도움으로써 「누운 채로 두지 않는다. 혼자 있게 하지 않는다」라는 것을 목표로 두고 있습니다. 구체적으로 출자금과 월 회비를 내면 누구나 회원이 되어 각종 혜택(건강사업 · 헬프서비스 · 주택개선 · 고령자의 일감 만들기 · 생애학습 등)을 받을 수 있는 서비스입니다.

현재, 회원의 수는 약 1300명입니다. 마츠자카시의 고령자 인구는 2만 명(전체 인구 12만 명)으로 그 중에서 약 1,000명 정도가 회원으로 있으며 마츠자카시를 중심으로 이세시, 욧카이치시, 츠시 등에서 조합지부의 설립준비가 진행되고 있습니다. 조직의 확대와 동시에 회원 간의 교류를 강화하고 있습니다. 각 지역마다 10~20명의 회원으로 구성된 「모임」을 결성하여 지금까지의 개인회원과 조합사무국으로 연계되는 수직 관계에서 벗어나 회원과 회원으로 이어지는 수평 관계가 되도록 지역 내에서 「협조」를 전개해 나가려고 합니다.

고령자 스스로가 유지하는 생협 활동

생활협동조합의 사무소는 마츠자카역 인근에 자리하고 있습니다. 2층짜리 건물로 1층에는 건강사업의 일환으로 유기농 야채와 건강식품을 취급하는 점포와 「건강 도시락」을 먹을 수 있는 레스토랑이 있으며 노인들의 급식도 배달해주고 있습니다. 고령자들이 먹기 편하고 영양 밸런스도 좋은 「건강 도시락」을 만들어 배달하는 일을 하는 것은 모두 조합의 회원들입니다. 생활협동조합 사무소는 고령자가 일하는 보람을 느끼는 직장이기도 한 것입니다.

이 밖의 건강사업으로 건강진단 결과를 토대로 건강한 식생활 프로그램을 작성하거나 뜸 치료를 하는 방법도 지도하고 있습니다. 「모임」별로 선생님 한 분이 뜸의 지도를 해주시면 회원들끼리 서로 뜸을 놔주기도 합니다. 따로 치료를 받는 것보다 훨씬 경제적이며 「오십견이 나았다」 「무릎통증이 없어졌다」 등의 호평이 이어지는, 서로 도와주는 활동 중의 하나입니다.

헬프서비스[*1]를 맡은 도우미는 약 100명 정도로 가사를 돕고 병원으로 데려다주고 데리고 오는 일을 하고 있습니다. 도우미 중에는 전직 간호사와 보건사와 같은 전문가도 있으며 자신의 지식이나 기술을 활용하면서 조직에 묶이는 일 없이 자유롭게 일하는 것을 즐기고 있습니다.

점포 내에는 유기농 야채와 천연효모로 만든 빵 등이 있다.

식품매장 안쪽은 레스토랑. 여기에서 건강 도시락을 먹을 수 있다.

회원의 기술을 활용하는 일로는 주택개선이라는 사업도 있습니다. 지금까지는 빗물수리(방수공사) 등과 같은 일반적인 수선이 많았는데 앞으로는 의료 생협이나 대학의 선생님들과 연대하여 시공자 · 병원 · 연구자가 함께 협력해서 고령자들을 위하여 개조결과를 추적 조사하고, 고령자의 자립된 생활을 지원하도록 세밀한 개호를 목표로 하고 있습니다.

이치무라 타다시씨(미에현 고령자 생활협동조합 사무국장)의 말씀을 들어보았습니다. 「고령자 생협사업[*2]을 전개하는 가운데 최대의 과제는 고령자가 활발하게 일할 수 있는 일터를 제공하는 것입니다. 여가이용이 아닌 매일 적당한 긴장감을 가지고 일할 수 있는 일터가 있을 것, 일을 통해서 사회와의 연결고리를 만드는 것이 중요합니다. 함께 도와가며 각자 사회활동에 참여하도록 하는 것이 고령자 생활협동조합이 지향하는 바입니다. 고령기가 '여생' 이

「모임」에서 인기 있는 뜸 치료모임. 지도해주시는 선생님께 뜸을 배워 서로 해줍니다.

라니 가당찮다, 고령기야말로 빛나는 '인생의 완성기' 라고 생각합니다」

「모임」만들기는 마을만들기로 나아가는 첫 걸음

마쯔자카시에서는 현재, 젊은 세대의 교외 전출로 인해 마을 중심부에는 고령자만이 남게 되는 도너츠 현상이 일어나고 있습니다. 마을에 남겨진 고령자들을 네트워크화 해 나아가는 것이 고령자 생활협동조합이 진행하고 있는 「모임」만들기입니다. 회원이 적은 대도시와는 다르게 한 마을에 많은 회원들이 모여 있는 지방도시이기에 가능한 것입니다.

「모임」을 결성함으로써 「어르신, 당신도 회원이네요」라며 서로 얼굴을 마주볼 수 있는 관계가 되는 것입니다.

앞으로는 주위의 혼자살이, 두명살이 등 고령자 가구의 실태를 조사하고 비회원도 포함해 서로가 지원 가능한 체제를 만들어가려고 합니다. 더불어 고령자가 직접 내가 살고 있는 지역의 점검을 통해 고령자가 다니기 편한 길로 잘 정비되어있는지, 살기 좋은 마을이 되어있는지 등에 대해 조사해보고, 개선할 수 있도록 관청에 제안해 가는 것이 고령자 생협의 앞으로의 포부입니다.

[*1] **헬프서비스**

헬프서비스란 예탁제로 되어 있어 회원이 건강할 때 헬퍼로 활동했던 것만큼 조만간 자기 자신이 서비스가 필요해질 때 그대로 제공받을 수 있다.

[*2] **생협의 사업**

미에현 고령자 생활협동조합에서는 주요 사업으로 ① 건강사업(건강프로그램, 건강식품 배달, 건강도시락배달, 뜸 치료지도) ② 헬퍼사업(가사지원 · 재택개호) ③ 취로사업 · 보람사업 ④ 주택영선사업(수선 · 고령자 대응 개조) ⑤ 문화사업(생애학습 · 취미 등)을 실시하고 있다.

인터뷰

" 도우미의 시작은, 난감했다네~ "

도우미 하세가와씨(58세 오른쪽)와
83세가 되는 호리구치씨

저는 집안일이 싫고 요리도 잘하지 못하는데 다른 사람의 집에서 요리를 하게 되다니… 회원이 되긴 했어도 처음에는 도우미 활동 일을 못했었다고. 하지만 「황락(黄落)」이라는 책과의 만남이 계기가 되어, 노인의 시중을 실제로 체험해봐야겠다고 결심했다. 처음에는 난감했다네~. 지금은 주 2회 이 집에 오고 있지만 호리구치 할아버지는 혼자 사시는 데도 불구하고 방이 항상 정리되어 있고, 전동식 탈 것으로 장도 보러 다니시며, 음식도 스스로 만드시니 도리어 할 일이 없어서 곤란할 정도라며. 이제 호리구치씨가 점점 건강해져 가는 것을 보는 게 큰 기쁨입니다.

이주자를 따뜻하게 맞이하는 운동

칼럼

나이가 들고 나서 이사를 하게 되는 경우가 의외로 많다. 그러나 고령자에게 있어서 오랜 시간동안 정든 집에서 떠나는 것은 큰 부담이다. 환경의 변화와 언어 · 생활습관의 차이로 인해 당황하게 되고 친구 · 지인이 주위에 없음으로 인해 집안에 틀어박혀 나오지 않게 되어 건강을 잃게 되는 경우도 적지 않다.

약 134,000(회원 880만 명)개의 규모를 가진 노인클럽에서는 전국 각지로 퍼져있는 네트워크를 활용해서 1995년 9월부터 「이주자를 따뜻하게 맞이하는 운동」을 시행하기 시작했다. 이 운동은

① 노인클럽 회원이 이사할 때 본인의 희망을 확인한 후, 소속된 노인 클럽에서 이사하는 곳의 광역도시 노인클럽 연합회 편에 이사통지 엽서를 보낸다

② 노인클럽 연합회에서 이사하는 곳의 시읍면 노인클럽 연합회로 전입을 요청

③ 시읍면 노인클럽 연합회에서 이사하는 곳의 단위클럽으로 전입을 요청

④ 맞이하는 단위클럽이 이전해온 회원을 방문

⑤ 출발지의 노인 클럽에 「맞이했다는 보고」의 엽서를 보낸다

는 것이다.

고령자의 이주는 건강상태가 조금 걱정되어 자식들 세대와 동거 · 근거(近居)하는 경우 등 행동권이 좁아진 경우가 많으며, 이 같은 고령자가 낯선 지역에서 관계 만들기를 시작하는 것은 매우 어려운 일이다. 이사한 곳의 노인클럽 회원들이 구면의 사이처럼 지역에서 맞이해준다면 큰 버팀목이 될 것이다. (재)전국노인클럽 연합회에서는 비디오 「전입자를 따뜻하게 맞이하자」를 제작 · 작성하여 고령자 자신뿐만 아니라 자식세대 등 고령자를 둘러싼 많은 사람들에게도 이 운동을 알리고, 고령자에게 지역의 이웃만들기를 응원해주기 바란다고 계몽하고 있다.

자료제공 : (재)전국노인클럽 연합회

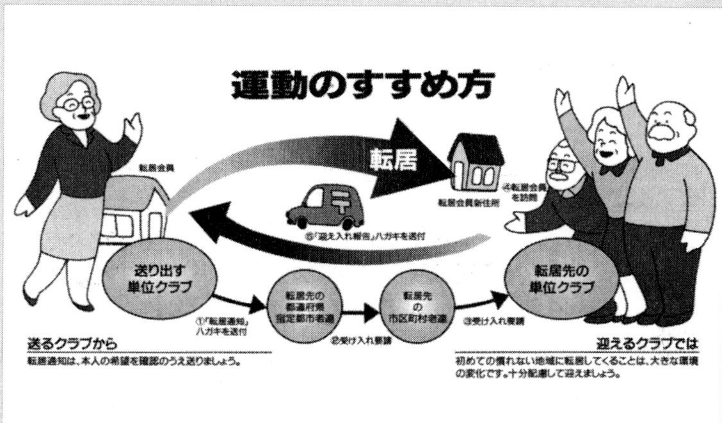

● 문의처 : (재)전국노인클럽 연합회
(우)100 東京都千代田区霞が関3-3-2新霞が関ビル5階
Tel. 03-3581-5658(대표)
또는 각 광역 노인클럽연합회

고령자가 참가하는 리사이클 사업

[무사시노시 실버 인재센터]

도쿄도 무사시노시

회원들의 손으로 폐기물의 재활용사업에 의해 가전제품이나 가구 등의 재생이 진행되어 쓰레기 감량과 환경문제에 공헌하고 있습니다.

재생품은 가전제품이나 자전거, 가구, 페이퍼 웨이트 등

무사시노시의 실버인재센터에서는 센터의 자체사업으로 1978년부터 「리사이클 사업」을 도입했습니다. 사업을 시작하게 된 계기는 센터에 우연히 가전제품의 수리기술을 가진 직원이 있었던 것. 이 기술을 활용해서 센터에서 사용하지 않는 물건들을 재탄생시키게 되었습니다. 처음에는 가전제품을 중심으로 했는데, 지금은 품목이 늘어나서 가전제품 외에 자전거와 가구, 목공품 등도 다루고 있습니다. 한편 독특한 것으로는 "페이퍼 웨이트"가 있습니다. 우승컵과 트로피를 녹여 형틀에 부어넣고 「지장 보살님」을 비롯해서 다양한 모양의 물건들이 재탄생되고 있습니다.

1996년 12월 현재, 리사이클 사업에 종사하고 있는 분은 26명. 전기관련 일만은 실무경험자가 담당하고 있는데 그 외에는 경험이 없

리사이클을 위한 수리에 참가

어도 손끝이 야무진 사람이 선배들에게 배워서 참가하고 있습니다. 재료가 되는 물건은 시민의 전화 연락을 받고 센터에서 트럭을 타고 회수하러 나갑니다. 그리고 무사시노시에서도 회수했던 부피가 큰 쓰레기들 중에서 쓸 만한 것을 골라서 가져다줍니다.

환경문제나 보람 만들기에 공헌

작업장은 센터 1층에 위치해 있고 품목 별로 담당하는 고령자가 있으며 공구를 한쪽 손에 쥐고 열심히 작업을 하고 있습니다. 그 옆으로 진열해 놓은 완성품들은 매우 훌륭합니다. 방문하는 시민들은 직접 고령자들의 솜씨를 구경하고 리사이클 작품도 구매합니다.

리사이클 작품은 도쿄도의 「고령자 취업 페어」에 도움을 주거나, 무사시노시의 「벼룩시장」「그린 · 클린 페스티벌」 등 다양한 행사에 홍보 겸 출전하여 판매를 하고 있습니다. 리사이클사업 개시부터 19년이 지나 시민들에게 많이 알려져서 시내뿐이 아닌 시외에서도 일부러 구매하러 오는 사람도 많습니다.

이 사업으로 1995년도에 재생 · 판매한 제품의 수는 17,213점이며, 중량으로는 648톤에 달하였습니다. 자원의 재이용으로 환경문제에도 공헌하고 다양한 장점이 있는 고령자들의 취업과 삶의 보람 만들기에도 많은 도움이 되고 있습니다. 특히 최근에는 관심이 높아져서 초등학생의 사회견학 장소로도 활용되고 있으며 여러 지자체가 리사이클 사업에 참여하려고 방문하기도 합니다.

회원의 목소리

" 오래도록 건강에 좋은 일을 하고 싶다 "

호소다 츠토무씨 (75세) – 가구와 침대의 리사이클 담당

이 일을 해서 좋은 점은 약간의 용돈벌이가 된다는 점과 팔다리가 튼튼해진다는 것이지요. 그리고 이곳에서 8년째 일을 하고 있는데, 동료들 간에 사이도 좋고 너무 즐거워요. 앞으로도 계속 건강하게 일하고 싶어요. 또한 손님이 기뻐하는 제품을 만들 수 있도록 계속해서 노력하고 싶지요. 가구도장은 생각보다 어렵고 그 동안 해보지 못했던 일도 하게 되지만, 스스로 생각하고 완성했을 때에는 너무 뿌듯하고 기쁘답니다. 도장(塗裝) 기술을 더 연마해 나가고 싶네요.

" 생활에 생기가 돌고 동료와의 교제도 즐겁다 "

타키모토 쇼타로씨 (75세) – 자전거 리싸이클 담당

자전거를 재활용하는 일이 있는데 어떠냐고 물어봐서, 이야기를 하던 중에 흥미를 갖게 되어 바로 다음 날부터 일을 하기 시작했습니다. 다치지 않도록 적당한 긴장감을 유지하는 것이 좋고 생활에도 활기가 납니다. 일은 오전 9시부터 오후 3시까지로 몸에 큰 부담 없이 할 수 있어서 좋습니다. 취미로 동료들과 장기를 두거나 노래방에 가기도 하니, 친구만들기도 가능합니다. 그리고 어려운 것도 어떻게든 재생시키는 것이 기쁘고, 손님들도 좋아해 주시니 더욱 힘이 나는 것 같습니다. 심혈을 기우려서 좋은 물건들을 만들어내도록 노력하고 있습니다.

오랫동안 쌓아온 기술과 경험을 살린 생애현역

[산슈 아스케 야시키(저택) · 햐쿠넨소우(百年草)]

아이치현 히가시 가무군 아스케쵸

인구의 4분의 1을 차지하는 고령자들이 「생애현역」으로 활동하도록 관광과 복지가 잘 결합된 복합기능시설이 운영되고 있습니다.

한적한 마을에서 관광마을로

아스케는 예전 미카와만의 소금과 신슈(지금의 나가노현)의 특산물을 나르던 가도(街道)로 매우 번창했던 곳으로 지금도 마을의 중심부에는 에도시대 거리의 모습이 많이 남아있습니다. 지역의 9할이 산림으로 이루어진 아스케 마을에서는 1955년대부터 1965년대에 걸쳐서 과소화가 진행되어 농림업이 쇠퇴하였습니다.

아스케마을은 1970년에 과소지역으로 지정된 것을 전환점으로 새로운 마을만들기 사상을 만들어 냈습니다. 당시 일본 전체가 개발 붐으로 들끓던 시대에 「보존이야말로 개발이다」라는 강한 신념 아래 산골마을의 생활을 사람들이 사랑할 수 있는 생활문화가 되도록 지역 주민 스스로가 재검토 하는 것이 중요하다고 생각하였습니다.

물질만능주의 사회에서 잃어버린 진정한 풍요로움이란 무엇인가? 아스케마을에서 발신한 현대사회에의 물음. 이 물음의 답을 형태로 나타낸 것이 1980년에 개관한 「산슈 아스케 야시키」입니다.

이곳에서는 예전의 산골마을 생활에서 당연시되었던 「숯 굽기」 「베 짜기」 「대나무 세공」 「갈이장이(목각에 쓸 재료를 건목 치는 직업)」 등의 수작업을 볼 수 있습니다. 관광하러 온 사람들은 장인들과의 교류를 통해서 삶에 필요한 물건을 스스로 만들어보는 산골마을의 생활을 접해보며 지금의 현대생활을 돌이켜보는 시간을 갖습니다. 그리고 이곳 아스케 야시키를 유지하는 장인들은 모두 기술을 가진 고령자들이었기에 아스케 야시키를 위한 일이 뜻밖에도 고령자들의 삶의 보람 시설을 만드는 일로도 이어지게 된 것입니다.

아스케 야시키가 세워지고 10년째가 된 1990년에는 복지센터인 「백년초(햐쿠넨소우, 百年草)」가 세워졌습니다. 현재 인구 약 10,500명, 24%의 고령화율을 가진 아스케마을이 「생애현역」을 주제로 복지와 관광의 복합기능시설로 만든 독특한 시도입니다.

현대적인 외관의 건물 안에는 복지센터와 데이서비스센터 외에도 호텔과 레스토랑, 대중목욕탕, 고령자가 햄 · 소시지를 만드는 공간인 「ZiZi 공방」과 빵공장인 「바바라 하우스」가 있으며, 건강한 노인 · 노약자 · 장애인 · 시민 그리고 관광객이 모두 이용할 수 있는 컨셉으로 설계되어져 있습니다.

단풍의 명소로 꼽히는 「향람계곡(香嵐溪)」이 있는 아스케마을에는 연간 200만 명의 관광객이 찾아옵니다. 마을의 주요산업인 관광과 복지를 결합시킨 발상은, 자신들만의 신념을 가지고 마을만들기에 임한 아스케마을만의 특징적인 것이라고 할 수 있습니다.

고령자가 멋진 솜씨와 기술로 반겨주는 아스케저택

문을 들어서면 초가지붕의 안채, 토장(흙벽으로 만든 광), 종이를 뜨는 곳, 숯을 굽는 곳 등 옛날이 그리워지는 풍경을 만날 수 있습니다.

1980년에 개관하기 전에는 '늙은이에게 일을 시키다니', '구경꺼리로 만들 작정인가' 와 같은 분노의 목소리로 시끄러웠지만, 현재는 많은 고령자들이 손수 일하고 있습니다. 아스케저택에는 약 40

명의 직원이 있는데 그중에 1/4이 고령자입니다. 주역은 물론 다양한 손작업을 널리 알리는 장인들입니다. 아스케저택에는 장인들의 작업장이 모여 있어서 관광객들이 일터를 들여다보고 이야기를 듣거나 질문을 해 볼 수 있습니다. 관광객이 직접 체험해 볼 수 있다는 점이 아스케 야시키의 매력입니다.

현재 「짚세공」「베짜기」「통메장이」「대나무세공」「종이뜨기」「숯굽기」「대장장이」「목공」 등의 수작업이 있고 40대부터 90대까지의 장인들이 일하고 있습니다. 개관이래 16년이 지나 고령의 장인들에게서 젊은 세대의 후계자들에게 전통기술이 계승되고 있습니다. 81살에 은퇴하는 코쿠라씨의 뒤를 잇는 마쯔모토씨(39세)는 「저는 원래 가구매장을 운영했지만 이곳에서 코쿠라씨에게 가르침을 받으며 수행하고 있습니다. 이곳에서 일하시는 고령자분들은 모두 건강할 뿐만 아니라 생각도 유연하고 젊습니다. 저도 이렇게 나이 들고 싶습니다」라고 귀뜸해 주었습니다. 그리고 아스케저택은 중국과의 교류 및 외국인 유학생과 연수생들의 방문도 잦습니다. 전통을 지킬 뿐 아니라 새로운 디자인을 창조하는 등 지역산업을 키우는 지역 문화 창조의 장이기도 한 것입니다. 다양한 만남이 있는 환경이 장인들에게도 상당한 자극이 되고 새로운 발상이 태어나는 원천이기도 합니다.

할아버지 할머니의 사회참가형 복지 · 관광시설 – 백년초(百年草)

아스케 강의 강변에 세워진 '백년초'는 노출 콘크리트 벽과 나무로 만든 테라스가 인상적인 건물입니다. 환대 넘치는 대우로 손님을 맞아주는 호텔과 프랑스 요리 레스토랑에서 쉬고 있는 관광객들 옆으로, 데이서비스센터에 다녀와서 휠체어에 앉아있는 고령자를 보다보면 확실히 노멀라이제이션(normalization : 정상화)을 실감할 수 있는 공간인 것 같습니다.

이곳은 주민이나 관광객에게 다양한 서비스를 제공하는 장소임과 동시에, 고령자의 사회참여가 가능한 거점이기도 합니다. 누워만 있는 노인이 되지 않도록 「생애현역」을 목표로, 고령자에게 일터를 제공하고 다세대와의 교류 및 지역 주민들과 도시 사람들과의 교류를 목표로 하고 있습니다.

실버인재센터에서 파견된 고령자들은 「ZiZi 공방」과 「바바라 하우스」외에도 레스토랑이나 데이서비스센터까지 데려다주고 데리고 오는 일, 청소와 유지관리 등 다양한 일을 맡아서 활약하고 있습니다.

한편 할아버지가 햄을 만들고 할머니가 빵을 굽는 「ZiZi 공방」과 「바바라 하우스」는 매우 멋진 발상으로 이것도 고령자에게는 새로운 일에 도전시켜 보자라고 하는 아스케류(類) 고령자복지 아이디어의 결과입니다. 전문인에게 확실히 지도를 받아서 일하는 그들의 모습은 창문을 통해 볼 수 있습니다. 이곳에서 일하기 시작해서 시간이 조금 지나면 할머니들의 의상이나 립스틱의 색이 바뀐다는 이야기가… 역시 누군가에게 보여준다는 긴장감을 갖는 것은 언제나 젊음을 유지하는 비결 같습니다.

백년초에 들어가는 입구는 하나입니다. 일부러 복지시설과 관광시설의 입구를 하나로 만들었습니다. 고령자와 젊은이, 일반인과 장애인, 그리고 지역주민들과 도시 사람들, 즉 모든 사람들이 차별 없이 같은 문으로 들어가고 나오는 모습은 아스케마을의 생각하는 마을만들기를 상징하고 있습니다.

인터뷰

" 다양한 손님들과 만나서 이야기를 나누는 즐거움 "

이타쿠라 세츠코 (짚세공 58세)

아이들이 성장해서 자립하였기에 8년 전부터 이곳에서 일하게 되었습니다. 젊은 사람들부터 나이 많은 사람들까지 다양한 사람들이 오고가며 같이 이야기를 나누는 것이 즐겁습니다. 손님이 귀한 짚신을 보내준 적도 있습니다. 이것은 네팔, 이것은 한국, 이것은 프랑스의 손님이 나에게 배워서 만들어온 짚신을 진열해 놓은 것입니다. 나도 예전에는 농사일을 해서 어렸을 적에는 짚신을 신고 다녔습니다. 짚신을 신으면 다리가 한결 가볍고 자유로워서 신발을 신었을 때 보다 더 빨리 달릴 수 있지요.

" 아버지에서 아들에게 숯 굽는 일을 승계하다 "

오오야마 히데토시 (숯쟁이 58세)

1987년 아스케저택에서 숯 굽는 일을 하는 아버지의 뒤를 잇게 되었다. 이 숯가마는 아버지가 직접 만드신 것이다. 20대까지는 본래 숯 굽기를 해왔는데 점점 석유와 가스, 전기에 밀려서 39살에는 도요타자동차의 하청공장에서 근무하기도 했었다. 지금은 내가 하고 싶은 일을 하면서 손님들과 대화도 나누고 내손을 움직이기에 노화방지도 된다.

이곳은 나이를 먹고 나서 일하기에 좋은 곳이다. 93세이신 아버지도 아직까지 매일 여기에 오셔서 대나무 잠자리를 만들고 계신다. 빼빼잠자리는 아버지의 히트 상품이다.

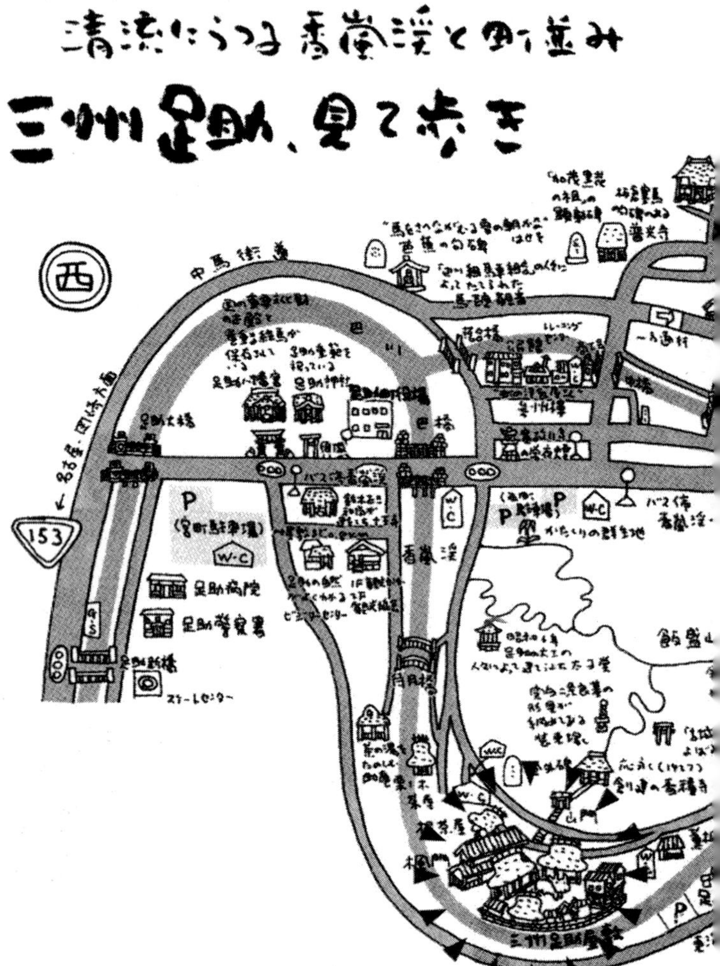
清流にうつる香嵐渓と町並み
三州足助、見て歩き
153

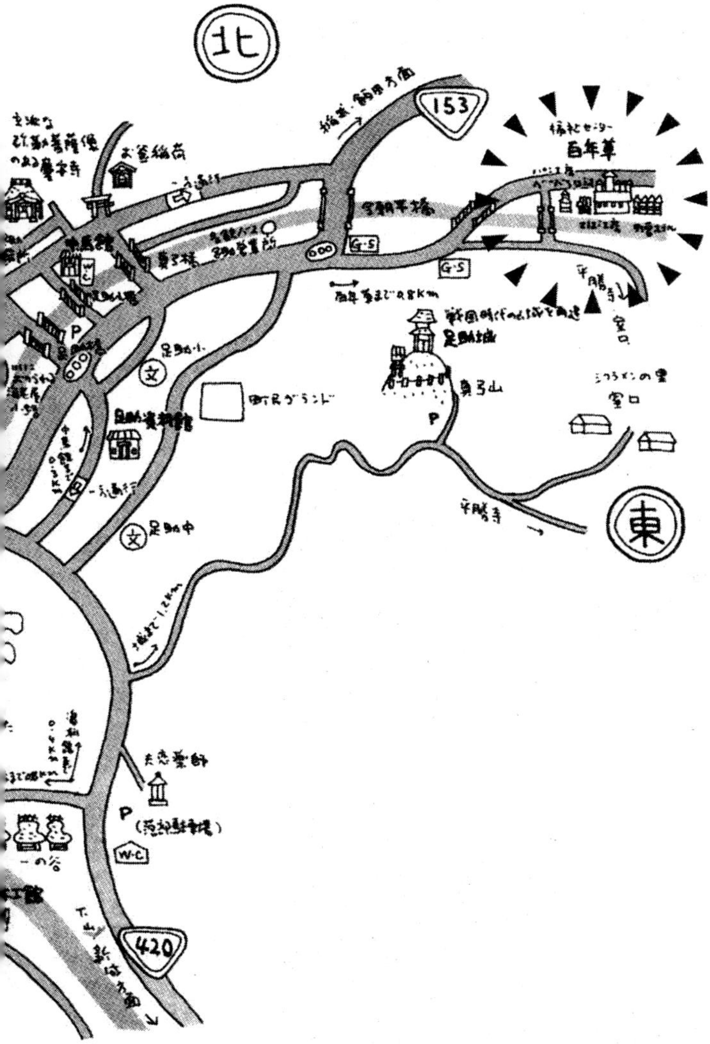
北
153
百年草
G·S
足助城
真弓山
室口
平勝寺
東
文
P
W·C
一の谷
420

▼ 아스케 저택의 모습

대나무세공을 하는 스가누마 노부유키(65세)씨가 밤 늦게까지 일에 매진하고 있다.

그리운 산골의 모습를 재현시킨 아스케 야시키

대나무로 잠자리 장난감을 만들고 있는 오오야마 쇼이치(93세)씨는 아이들에게 인기가 많다.

▼ 복지센터 백년초의 모습

「바바라 하우스」 빵공장의 빵들은 관광객들에게 인기가 많아 연일 매진

아스케강 옆에 세워진 백년초라는 건물.
앞쪽에 목조 트러스의 지붕이 씌여있는 건물이 마을이 운영하는 호텔

「ZiZi 공방」에서 소시지를 만드는 작업은 남자들의 일

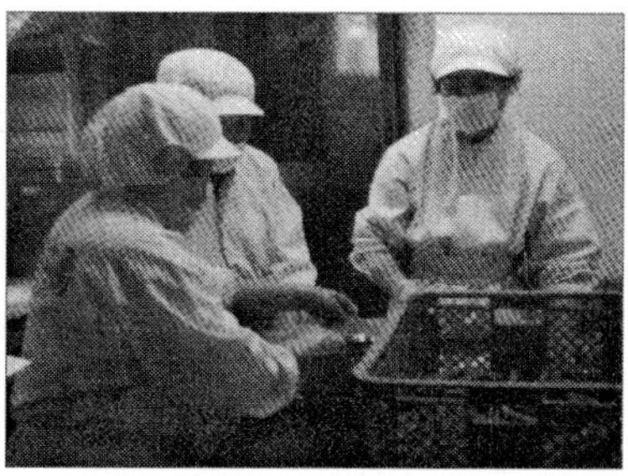

소시지를 포장하는 작업은 여성들의 몫

인터뷰

" 노인들이 손수 만든 음식을 맛있게 먹어주니 기쁘군요 "

카와이 유키미츠 (70세)

회사를 정년퇴직하고 집 안에 있는 것이 답답하여 실버인재센터에 전화하게 되었습니다. 소시지를 만드는 일은 서서 하는 일이어서 처음에는 힘들었습니다. 하지만 이곳에 있는 모든 고령자들이 다 같은 초보여서 마음은 편했습니다. 한 달에 절반정도를 일하고 있는데 건강도 좋아지고 무엇보다 노인들이 만든 음식을 맛있게 먹어준다는 것이 제일 기쁜 일인 것 같습니다. 손님들과 창 너머로 이야기를 못한다는 점은 유감이지만 손을 흔들면 같이 흔들어 준답니다.

칼럼

미국의 고령자 지원단체 AARP (전 미국퇴직자협회)

야마다 치즈코 (주신기초연구소 주임연구원)

AARP(American Association of Retired Person: 전 미국퇴직자협회)는 1958년 창설된 비영리단체로 고령자가 퇴직 후에도 존엄을 유지하고 목적의식을 갖고 자립된 생활을 보내도록 지원하는 활동을 전개하고 있으며, 50세 이상이 되면 유직 · 무직에 상관없이 회원자격을 얻을 수 있다. 정재계에서 영향력을 행사하고 있는 바, 회원 수는 미국 전체에서 3000만 명에 달하며 평균연령은 약 65세로 3분의 1은 현역으로 활동하고 있다.

AARP에서 리버스 모기지의 공공정책적 접근에 대해 연구하는 시니어 어널리스트인 도널드 레드홋씨 (1996년 10월 촬영)

약 3000만 명의 회원을 가지게 된 배경에는 매력적인 회원특전이 있다. 특전의 필두는 고령자도 가입 가능한 건강보험을 제공하고 있다는 것이다. 연회비 8달러로 격월 발행하는 고령자를 위한 정보지 「모던한 성숙」과 월간지 「AARP 통신」을 받아볼 수 있다. 그 밖에도 전 미국내의 호텔, 레스토랑, 렌트카 등의 할인 서비스와 의료품 배달서비스 등을 받을 수 있다. 이것은 민간기업 못지않은 혜택이라고 할 수 있다.

AARP는 미국전체에 포진되어진 40만 명의 자원봉사 네트워크 등을 통해서 주로 다음과 같은 활동을 전개하고 있다.

(1) 정책제언

회원에게 무엇이든 관계가 있는 문제에 대해서 연방정부나 지방자치단체의 움직임을 주시함과 동시에 의회의 공청회에도 참가하고 관련 의원에게도 교섭하여 정책결정에 영향력을 끼치는 제안을 한다. 예를 들어 1986년에는 기업이 정년제를 정하는 것을 금지하는 법안을 통과시켜 원칙적으로 65세 정년제가 철폐되었다.

(2) 기업계몽

기업 내에서도 뿌리 깊은 나이 차별에 관해서 기업의 혁신을 도모하기 위해 경영자에게 고령자의 고용과 직업훈련을 충실하게 진행하도록 촉진함과 동시에, 인사담당자에게는 숙련된 노동력을 살리기 위한 제언을 해주고 있다. 더불어 연령차별 소송의 지원도 하고 있다.

(3) 고령자를 위한 재택복지 서비스

고령자의 자립적 생활을 증진시키기 위해, 봉사자들을 동원하여 다양한 재택복지서비스를 실시하고 있으며 통원(通院)이나 쇼핑 등에 도움을 주기도 하고 급식서비스와 집수리 등도 시행하고 있다.

(4) 배우자를 잃은 회원을 위한 멘탈케어

배우자를 잃은 회원에게는 봉사자가 슬픔을 극복하기 위한 정신적인 지원을 시행하고 있다.

(5) 「리버스 모기지」에 관한 계몽보급

고령자의 주택을 담보로 활용하는 제도인 「리버스 모기지」에 관한 계몽보급 활동이 특기할 만하다. 즉 1989년에 연방정부의 시범사업으로 시작되었으며 현재 주류를 이루는 리버스 모기지 상품 "HECM"(Home Equity Conversion Mortgage)에 관해 종합적 · 중립적인 입장에서 카운셀러의 연수 · 양성을 진행함과 동시에 이용자에게도 계몽보급을 시행하고 있다.

(6) 고령자를 위한 교육프로그램, 커뮤니티 서비스 프로그램

고령자를 위한 다양한 교육프로그램과 커뮤니티 서비스 프로그램을 회원의 필요에 맞게 제공하고 있다.

고령자정보 네트워크에 의한 다양한 활동의 전개

[시니어를 위한 시민 네트워크 센다이]

미야기현 센다이시

시니어세대를 사회의 귀중한 인적 자원으로 활용하기 위해 가벼운 치매 시니어의 탁로(託老)사업 등의 활동이나 시찰여행, 스터디모임, 문화활동 등 다양한 레벨에서 봉사활동을 실시하고 있습니다.

인터넷 홈페이지 개설

「시니어를 위한 시민 네트워크 센다이」 약칭 「시니어 네트워크 센다이」(회장: 데무라 카즈코, 쇼케이 여학원대학 교수)는 「긴 인생경험과 해박한 지식을 겸비한 시니어세대를 사회의 귀중한 인재 · 인적자원으로 여겨 그 활력이 사회에 쓰이도록 하기 위하여 모든 세대의 사람들이 함께 손을 잡고 새로운 『풍령(豊齢)사회』의 구축을 지향하는 것을 목표」로 결성되었습니다.

결성 당시 40대 전후의 젊은 세대를 포함한 312명의 회원으로 시작하여 1996년 6월말에는 607명의 회원으로 순조롭게 규모를 확대해 나갔습니다.

회원 가입은 연령, 성별, 국적을 불문하고 자유로우며 회비는 개인회원이 월 200엔(연회비로 전납). 1996년 9월에는 후원회(회장 : 무라

센다이 국제센터 축제에서 인터넷 코너 개설

마츠 이와오 · 77은행 회장)를 발족해 연간회비 1구좌 1만 엔을 원칙으로 하여 개인 후원회원을 모집하였습니다. 아울러, 1996년 9월에는 인터넷 상에 홈페이지를 개설하여 시니어 네트워크 센다이의 활동이나 「지식의 창고」라고 명명된 데이터도 소개하고 있습니다.

(http://www.kahoku.co.jp/senior/)

해외시찰과 마을만들기 스터디모임 개최

모임의 활동은 다양한 장르와 레벨로 준비되어 있습니다. 우선 프로젝트 팀에 의한 활동으로는 센다이시의 「자원봉사 단체 등 선도적 사업 지원제도」(기사참조)를 활용한 민간 탁노사업 「케어포트 양지」(주 2회)와 고령자 건강 도시락 택배사업 「포켓하우스」(주 2회), 병원 봉사활동(주 5회)이 진행되고 있습니다. 이 외에, 각 부에서 다음과 같은 활동을 진행하고 있습니다.

정보기획부에서는 회보의 발행과 인터넷 홈페이지 개설 / 사업부에서는 여행, 바자회, 원예, 시니어 결혼식 / 문화부에서는 워드프로세서 · 컴퓨터교실, 등나무공예교실, 시 연구회, 관광 봉사 / 마을만들기부에서는 베리어프리 · 생활환경, 주택문제 연구제언, 선진지역의 시찰 / 복지부에서는 주택복지 · 개호에 관련된 새로운 봉사활동의 연구개발 / 국제교류부에서는 국제이해 강좌 · 지구가

시니어 등나무 공예교실

족 클럽 · 국제자매도시와의 교류 등을 진행하고 있습니다.

1997년 2월에는 시니어 네트워크 센다이의 협력을 받아, 이시노마키시에서도 「시니어를 위한 네트워크 이시노마키」가 설립되었습니다. 활동은 1996년 12월에 개원한 「이시노마키 시립병원」의 병원봉사를 중심으로 시작되었습니다. 두 모임 모두 자립적인 활동으로 진행하고 필요에 따라 연대하도록 하고 있습니다.

시니어 세미나

센다이 국제센터 축제.
외국인들과 함께 참새 춤을 춘다.

연락처 시니어 네트워크 센다이 사무국
(우)982 센다이시 오오하쿠구 나가마치 1-2-8
전화 : 022-246-5733

사진제공 : 시니어 네트워크 센다이

◆ 자원봉사 단체 등 선도적 사업 지원제도

센다이시에서는 가벼운 치매와 노인성 질병을 가진 고령자를 관리해주는 시설인 데이서비스센터가 부족한 현상을 근거로 1995년도부터 이 제도를 신설하여 「탁로소(託老所)」에 대한 조성을 시행하는 방침을 정하였다. 시니어 네트워크 센다이는 조직 결성 직후인 1995년 9월에 「케어포트 양지(陽地)」를 개설하고 개호 자원봉사 양성 세미나를 개최하여 실행체제의 확립을 위해 노력했다. 마찬가지로 시니어 건강 도시락 배달사업도 1996년도부터 같은 제도의 지원금을 받고 있다.

첨부

첨부

사례 리스트

Ⅰ 마을을 점검하다

사례명	문의처
고령자 의사체험 「우라시마 타로」	(사)장수사회문화협회 Tel.03-5460-0521(대표)
시민 · 복지의 마을만들기 점검	산능대학 정보디자인연구소 지역계획정보연구실 Tel.0463-92-2211 이세하라시 보건복지부 장애복지과 Tel.0463-94-4711(대표)
우리들의 〈도쿄여행〉 - 이동공간을 생각한다	(사)도쿄건축사회 · 여성건축사위원회 Tel.03-3562-0641
살기좋은 마을이란 어떤 것일까? - 공원 편	세타가야구 정책경영실 정책기획과 도시디자인 담당 Tel.03-5432-1111(대표)

Ⅱ 이런 마을에서 살고 싶다

사례명	소재지	사업주체	면적	문의처	활용사업	사업년도
우메가오카 중학교 정문 앞의 보도 디자인	도쿄도 세타가야구 우메가오카역 주변	세타가야구	보도개수 길이/ 1,744.2m	世田谷区北沢総合支所土木課 Tel.03-5478-8034		1985-1996
나가네다이 지구 커뮤니티존	나고야시 미도리구 나가네다이	나고야시	면적 22ha	名古屋市道路環境整備課 Tel.052-972-2874	특정교통 안전시설 등의 정비 사업	1996-1998
무-버스	도쿄도 무사시노시	무사시노시	한바퀴 약 4km 버스정류장 17곳	武蔵野市交通対策課 Tel.0422-51-5131(대표)		1995개시
마이코 버스 정류장	코베시 다루미구 히가시 마이코마치	혼슈 시코쿠 연락교 공단	바닥면적 /1,993.9㎡	本州四国連絡橋公団 Tel.078-251-6622		1996-1997

사례명	소재지	사업주체	면적	문의처	활용사업	사업년도
쁘띠 테라스	도쿄도 아다치구	아다치구, (재)아다치구 마을만들기공사	정비 52곳 (1996년 12월 현재)	足立区都市環境部 마을만들기과 초록의 마을만들기계 Tel.03-3880-5111(대표) (재)아다치구 마을만들기공사 마을만들기사업부 마을만들기사업과 Tel.03-3880-5111(대표)	쁘띠 테라스 설치요강에 따른 구의 단독사업	1990~
후지노 찌르레기 공원	삿포로시 미나미구 후지노 2조1쵸메	삿포로시	면적 745㎡	札幌市環境局緣化推進部造園課 Tel.011-211-2111(대표)	시의 단독사업	1996
아즈미노 치히로 미술관	나가노현 키타아즈미노군 마쯔가와무라 니시하라	(재)이와사키치히로 기념사업단	부지면적/8000㎡ 바닥면적/1,581㎡	아즈미노치히로미술관 Tel.0261-62-0772		1997
자스코 하트빌딩 설계기준		이온·그룹, 자스코(주)		자스코(주)環境·社會貢獻推進室 Tel.043-212-6037		
노나미 데이서비스센터·노나미 보육원	나고야시 텐하쿠구 후쿠치2-340	(복)노나미 복지회	부지면적/3,517㎡ 바닥면적/1,669㎡	노나미데이서비스센터 Tel.052-896-3434		
우지시 코쿠라 초등학교	교토부 우지시 니시하타케1-4	우지시	바닥면적/1,117㎡ (복지부분, 1층·2층)	宇治市企画管理部計画 推進室 Tel.0774-22-3141(대표)		1994
치요다구 이키이키 플라자 일번가	도쿄도 치요다구 일번가 12-2	치요다구	부지면적/2,781㎡ 바닥면적/11,562㎡	치요다구 이키이키플라자 일번가 Tel.03-3265-6311		1995개업
시민화장실	코베시	코베시		神戸市環境局業務部業務課 Tel.078-331-8181(대표)		
타마시 복지 지도	도쿄도 타마시	타마시 복지 지도를 만드는 모임		다마시 복지 지도를 만드는 모임 대표·사치노 나오코 Tel.0423-39-3063		1997
후레아이 시코쿠 장애자가이드맵	고치현	후레아이 시코쿠 실행위원회		高知県健康福祉部障害福祉課 Tel.0888-23-9634(직통)		

사례명	소재지	사업 주체	면적	문의처	활용사업	사업 년도
아쟈단지	오키나와현 나하시	나하시	부지면적/8,772.62㎡ 동수/4동 호수/공영주택151호 (內 실버하우징39호) 부대시설/특별양호노인홈,보육원,데이서비스센터,재택개호지원센터,노인쉼터,아동관,아동클럽	沖縄県土木建築部住宅課 Tel.098-866-2333 (대표)	공영주택 정비사업 실버하우징 · 프로젝트	1995
건강과 보람의 미나기노모리	후쿠오카현 아마기시	서일본진흥주식회사	부지면적/약127만㎡ 호수/1,030호 부대시설/관리센터,쇼핑센터,다목적홀,스포츠시설,문화교양시설 분양가격/토지분양가격 평균 1,200만엔대(평균94평),건물가격 1,300만엔대~1,800만엔대(평균26평) 제비용/계약시 일괄지불=상수도가입금 25만엔,CATV · 보안시설 일시금15만엔,녹화 · 가로등 금액5만엔,공유시설일시금25만엔/월지불=관리비 월금액1만엔	(사업주체)西日本振興株式會社 프리다이얼 0120-005-337 (구매대리)中央興產株式會社 프리다이얼 0120-00-1081 (계획책정)福岡県 建築都市部住宅課 Tel.092-651-1111(대표)	HOPE계획추진사업 새로운 고향 마이홈 추진사업	1992 - 1995
쿠가노모리 단지	교토시 후시미구 구가히가시마치	교토시 교토시 주택공급공사	계획면적/약94,000㎡ 계획호수/457호(시영주택202호,시니어주택72호,공사주택등183호) 단지시설/생애학습플라자,도서관,테니스코트,데이서비스센터,케어하우스,병원 등	京都市都市住宅局管理部企画管理課 Tel.075-222-3111 (대표) 京都市住宅供給公社企画調整課 Tel.075-223-2121	생애학습마을 정비추진사업 공영주택정비사업 시니어주택 공급 추진사업	1986 - 1998
유우히가오카 만남단지	홋카이도 카와히가시무리 오토후케쵸 유우히가오카	오토후케쵸	호수/16호 동수/2동	音更町建設部建築住宅課住宅係 音更町民生部民生課老人福祉係 Tel.0155-42-2111 (대표)	공영주택정비사업	1990 - 1991

사례명	소재지	사업 주체	면적	문의처	활용사업	사업 년도
LB 하우스	야마구치현 시모노세키시	LB 연구회	입주자수/ 10세대 예정 주택타입/2동, 목조3층 건물로 개인전용시설공간(면적 80㎡)/거실2,안방,주방,욕실,화장실,공동시설공간(면적:복도계단포함227㎡)/다목적홀,식당,주방,푸드코디네이터실,화장실,세탁실,창고			연구회발족년도 1993 착공(예정) 1997
효고부흥 콜렉티브 하우징	효고현	효고현		兵庫県 도시주택부 주택정비과 Tel.078-341-7711 (대표)	재해공영주택정비사업	1996
고베시 재해 부흥 공영주택 콜렉티브 하우징	고베시 나가다구	고베시		神戸市 주택부 건설과 Tel.078-331-8181 (대표)	재해공영주택 정비사업	1996 - 1997
실버 하우스	고치현 아게무리 키타가와무라	키타가와무라	호수/5호(목조 주택) 주호면적/55.6㎡ 설치기준/복지시설병설 · 근접,휠체어전용욕실 · 화장실, 슬로프설치	高知県 토목부주택과 Tel.0888-23-1111 (대표)	실버하우스 정비모델사업 공영주택정비사업	1996 - 1997
유우아이 장원	오카야마현 구메무리 츄오쵸 하라다	츄오쵸	정원/5명 바닥면적/150㎡	岡山県 보건복지부 장수사회대책실 고령자대책과 Tel.086-224-2111 (대표)	오카야마현 독거노인 공동생활 지원사업	1994 - 1995
시아와세 장원	오카야마현 카와카미군 카와카미쵸 오오지 타카야마이치	카와카미쵸	정원/5명 바닥면적/400㎡ 사양/단차해소,바닥등불,손잡이설치,긴급통보시스템,비상경보설비,미끄럽지 않은 재질, 전자기식난로	岡山県 보건복지부 장수사회대책실 고령자대책과 Tel.086-224-2111 (대표)	오카야마현 독거노인 공동생활 지원사업	1994 - 1995
사가미하라 4쵸메 지구	카나가와현 사가미하라시 사가미하라 4쵸메	사가미하라시	부지면적/2,587㎡ 구조규모/SRC조, 지하2층 지상13층건물 시설/주택(특유임대40호,시니어주택60호),보육소,데이서비스센터,상업시설,주차장 등	相模原市 도시정비부 相模原역주변정비사무소 Tel.0427-54-1111 (대표)	우량건축물 등 정비사업, 사회복지시설 등 정비사업, 특정우량임대주택제도, 시니어주택제도	1995 - 1997

Ⅳ 마을만들기에 참가하다

활동주체	소재지	문의처
즈시 하이랜드 한걸음 모임	神奈川県逗子市	川嶋英夫 (즈시 하이랜드 한걸음모임 회장) Tel.0468-72-0236
히노데마치 유타카노후네 모임	大分県速見郡日出町	日出町教育委員會社會教育課 Tel.0977-73-3111(대표)
카나자와 히가시야마 마을만들기 협의회	石川県金沢市	中村驍 (카나자와 히가시야마 마을만들기 협의회) Tel.0762-33-3522
이세신궁의 신도회	三重県伊勢市	(有)高橋徹都市建築設計工房 高橋徹 (이세신궁의 신도회 회장) Tel.0596-27-0455
마루야마 센마이다 보존회	三重県紀和町	紀和町福祉課 Tel.05979-7-1111 (대표) 北富士夫 (마루야마 센마이다 보존회 회장) Tel.05979-7-0274
도네가와를 걸어보자~ 물워크 '95		요미우리신문사 사업개발부 물워크 Tel.03-5245-7093
복지 마을만들기 워킹그룹	秋田県秋田郡鷹巣町	鷹巣町福祉保健課高齢福祉係 Tel.0186-62-1111 (대표) M's 設計室 松橋 雅子 Tel.0186-62-3883
키타큐슈시 건강한 주택추진협의회	福岡県北九州市	北九州市建築局住宅部計画課Tel.093-582-2592
미에현 고령자 생활 협동조합	三重県松阪市	三重県高齢者生活協同組合 Tel.0598-52-5871
무사시노시 실버인재센터	東京都武蔵野市	(사)武蔵野市실버인재센터 Tel.0422-55-1231(대표)
산슈 아스케야시키 · 햐쿠넨소우	愛知県東加茂郡足助町	足助町企画課 Tel.0565-62-0600 三州足助屋敷 Tel.0565-62-1188 足助町百年草協会 Tel.0565-62-0100
시니어를 위한 시민 네트워크 센다이	宮城県仙台市	시니어를 위한 시민 네트워크 센다이 · 사무국 Tel.022-246-5733
(재)전국노인클럽연합회		(재)전국노인클럽연합회 Tel.03-3581-5658
American Association of Retired Persons		601 E Street, N.W. · Washington, DC 20049, USA Tel.202-434-3910

첨부

마을의 삶과 고령자를 연결하는 기본적 용어

이 책에 등장하는 용어들 가운데 지문에서 해설하지 않은 것들을 이곳에 정리하였습니다. 이미 알고 계신 단어들도 있을 것이라고 생각하지만 참고하시기 바랍니다.

● 고령자 주택

독신 · 부부 등 고령자만의 세대를 대상으로 하는 주택으로 건물의 안팎 시설이 고령자에게 맞춰져있다. 또한 일상적인 생활지원을 위한 서비스 제공 체제가 마련되어있다. 실버하우징, 시니어주택, 케어하우스 등이 이에 해당된다.

● 고령자 주택재단

건설성 · 후생성 인가에 의해 1993년에 설립된 조직이다. 고령자 주거에 관한 조사 · 연구와 공적 고령자 주택의 관리 · 운영을 실시하는 것을 목적으로 하고 있다.

● 커뮤니티 도로

주택지와 상점가에서 보행하는 사람을 우선으로 하기 위해, 보도의 폭을 늘리고 차도를 곡선화하여 자동차의 속도를 줄이고 통과차량도 감소시키는 도로.

● 재택간호 지원센터

재택간호로 어려움을 겪고 있는 가족이 자택 근처에서 전문가에게 쉽게 상담 받을 수 있고, 구 · 시청 등의 창구에 가지 않아도 필요한 보건 · 의료 · 복지서비스를 받을 수 있도록 돕는 지역의 복지시설. 신 골드플랜에서는 1999년까지 전국의 1만 곳을 정비하도록 계획되어 있다.

● 작업치료사 (OT)

후생성 장관의 허가를 받아 의사의 지시 하에 신체 또는 정신적 장애가 있는 사람에게 수예, 공작 그 외의 작업을 하여 일상생활에 필요한 응용적인 동작능력이나 사회적 적응능력의 회복을 위해 치료를 해주는 사람.

사회복지 협의회

사회복지사업법에 의한 단체로 사회복지를 목적으로 하는 사업에 관한 조사, 종합적 기획, 연락 · 조정, 보급 · 선언, 주민참여를 위한 지원 등을 한다. 광역 · 기초 자치단체, 지정도시구역(指定都市區域) 단위로 설립하고, 각각의 지역산하 협의회의 과반수 및 사회복지사업 또는 갱생보호사업을 경영하는 자의 과반이 참가하지 않으면 안 된다.

실버인재센터

60세 이상으로 건강하고 일할 의지가 있는 노인들에게 경험 · 능력 · 희망에 따라 취업의 기회를 확보하여 보람의 창출, 복지의 증진을 도모함과 동시에 지역사회의 발전에 기여하는 것을 목적으로 설립된 공익법인이다. 노동부장관에게 신청하여 무료취업소개사업을 진행하는 것이 가능하다.

생활복지 공간 만들기 대강(大綱)

고령자, 장애인 등을 포함한 모든 사람이 자립하여 존엄성을 갖고 생활하는 것을 목표로 그것을 위한 이념, 생활상(生活像) 및 주로 건설 분야에 있어서 중장기적인 시책의 방향, 정비목표 등을 종합적으로 정리해 놓은 것. 1994년 6월에 건설성에서 발표하였다.

데이서비스센터

주택내의 심신이 취약한 고령자를 위해서 방문에 따라 생활지도, 일상동작 훈련, 건강체크, 입욕서비스, 식사서비스 등을 돕는 지역의 복지시설이다. 신 골드플랜에서는 1999년까지 전국의 1.7만 곳을 정비하도록 되어있다.

특정우량 임대주택

현저하게 부족한 중견 가족세대전용 양질의 임대주택 공급을 촉진하기 위해서 민간 토지 소유자 등이 건설하는 우량한 임대주택에 대해, 국가와 지방공공단체가 건설비와 집세에 대한 보조 등을 하는 제도(1993년 창설).

● 특별양호 노인홈

원칙적으로 65세 이상이고 심신이 현저하게 쇠퇴하여 상시개호(常時介護)를 필요로 하는데 집에서 케어를 할 수 없는 경우 받아들이는 시설. 입소는 시읍면장이 결정한다. 본인 혹은 가족의 소득에 따라 일정 이용료를 부과한다.

● 노멀라이제이션

장애를 가진 사람도 아닌 사람도 보다 평범한 하루의, 일주간의, 일 년의, 그리고 생애 리듬을 맛 볼 수 있는 환경을 조성하여 모든 사람이 함께 살아가는 사회를 노멀(Normal)하게 생각하자는 개념. 이 제도는 덴마크의 뱅크미켈센이 제창하여 세계적으로 확산되었다.

● 베리어 프리

누구나 자립된 생활을 보낼 수 있도록 장애인의 존재와 행동을 차별하거나 방해하는 것들을 제거하는 개념. 베리어는 도시환경 · 건축 등의 물리적인 베리어, 인간의 인식과 태도, 행동 등의 배경에 있는 심리적인 베리어, 사회적인 제도상 베리어 등이 있다.

● 홈 헬퍼

심신이 허약한 고령자가 있는 가정으로 파견되어 생활상담과 조언, 가사지원 및 신체적인 간호 등을 돕는 사람. 공공단체에 의해 파견되며 이용세대는 소득에 따라 일정한 비용을 부담한다.

● 마을만들기 협정

법률에 근거하지 않고 주민 간에 임의로 체결하는 마을만들기의 약속이다. 지역에 따라 행정이 주체가 되기도 하고 주민들이 중심이 되어 정하기도 한다. 강제성은 없다. 협정내용에는 건물 벽면의 위치, 용도, 높이, 의장 등이 있다.

● 마을만들기 공사

공공적인 마을만들기 사업을 효과적으로 실현하기 위해 만들어진 법인을 말한다. 지방공공단체의 출원에 따른 재단 법인(민법상 공익법인)인 경우가 많다. 마을만들기 공사의 사업으로는 마을만들기 관련 시설건설 및 관리운영, 용지취득 · 관리 · 처분, 시민에 대한 마을만들기의 보급 ·

상담 · 기술지원 등이 일반적이다.

● 우량건축물 등의 정비사업

여러 지권자의 공동화(共同化)와 우량한 경관의 형성 등을 배려한 협조적(協助的)건축물의 정비를 도모하는 것 등에 의해 시가지환경의 정비개선, 양호한 시가지주택의 공급 등 우량한 건축물 등의 정비를 하는 민간 등에 대해서 국가 · 지방공공단체가 필요한 조성(助成)을 시행하는 제도.

● 라이프서포트 어드바이저

실버하우징 프로젝트 제도로 10~30호의 고령자주택에 한사람을 배치하여, 입주자의 일상적인 생활상담이나 안부를 확인하고 긴급시에 대응하며 일시적인 가사보조 등을 하는 사람.

● 이학(理學) 요법사(PT)

후생장관의 허가를 받아 의사의 지시하에 신체적 장애를 가진 사람에게 체조와 기타 운동을 시키고 전기자극, 마사지, 온열, 그 외의 물리적 수단을 사용하여 기본적인 동작능력 회복을 위해 치료를 하는 사람.

● 리폼헬퍼 제도

1993년 후생성에서 창설. 고령자가 가능한 한 자택에서 생활할 수 있도록 하기 위해 간호노인 세대에 가서 개개인의 신체상황 등을 포함하여 주택개선에 대한 상담, 조언, 시행, 평가(시행의 확인, 난간 사용방법 지도)등을 진행한다. 아울러 복지, 보건 · 의료 및 건축분야의 전문가와 연계하여 팀으로 주택개선을 추진한다.

● 와덴(Warden)

영국의 고령자 주택에서 입주자로 부터의 긴급통보에 대응하거나 관계기관으로 연락 · 조정을 하는 관리인을 이렇게 부른다. 일본에서는 도쿄도가 시행하고 있는 고령자 주택의 실버피어제도가 같은 역할을 하고 있다.

◆ 고령자와 마을만들기 연구회

대 표	園田真理子	메이지대학 이공학부 전임강사
	伊藤明子	건설성 주택국 시가지건축과 과장보좌
	稲葉佳子	(유)지오 · 플래닝
	岡井有佳	국토청 토지국 토지이용조정과 계장
	桑本佳代子	건설성 주택국 주택정비과 건설기관
	塩路安紀子	(유)지오 · 플래닝
	下村哲也	건설성 건설정책센터 연구관
	田辺明子	프리라이터
	豊原寛明	(재)베터리빙 연구기획부 연구과장

본서의 집필은 상기한 회원으로 진행되었으나
아래 분들의 도움도 받았습니다.

秋山哲男	도쿄도립대학 대학원 공학연구과 전임강사
小谷部育子	일본여자대학 가정학부 교수
畑메구미	건설성 주택국 건축지도과
松橋雅子	M's 엠즈설계실 주재
山田치즈코	주신기초연구소 주임연구원

● 사무국

東京都千代田区富士見 2-2-12 뉴타로 빌딩 3F
(유)지오 · 플래닝
TEL. 03-3238-0574 FAX. 03-3238-7878

◆ 역자 약력

장 준 호
(張俊鎬)

· 명지대학교 건축공학과 졸업(공학사)
· 연세대학교 공학대학원 도시계획전공 졸업(공학석사)
· 일본 문부과학성 초청 국비유학생
· 일본 도쿄(東京)대학교 대학원 도시공학과 졸업(공학석사/공학박사)
· 미국 MIT 도시계획학과 연구교수
· 영국 런던대학교(UCL) 도시계획학부 객원교수
· 일본 수도권종합계획연구소 특별연구원
· 롯데건설기술연구소 수석연구원
· 국토해양부 도시재생사업단 상세기획위원
· 국방부 특별 건설기술 심의위원
· 서울특별시 도심재창조 시민위원회 위원/주거재생 자문위원
· 경기도 도시계획위원회 위원/건축위원회 위원/도시재정비위원회 위원
· 인천시 도시계획위원회 위원/도시건축공동위원회 위원/경관위원회 위원
· 한국토지주택공사 마을만들기 포럼 운영위원
· 한국지역사회발전학회 고문/공로상 수상
· 한국도시지리학회 감사
· 대한국토도시계획학회 도시정보 편집위원/학술상 수상
· 한국도시설계학회 편집위원
· 한양대/연세대 대학원 강사
· 현재 안양대학교 도시정보공학과 교수, 교무처장/총장 직무대행 역임

주요 논저

· 「環境色彩디자인 (調査에서 設計까지)」張俊鎬 譯, 圖書出版 國際, 1986.
· 「都市再開發 豫定地區 設定의 모델 定立에 關한 研究」延世大學校, 1988.
· 「世界 都市再開發 NOW」張俊鎬 譯, 圖書出版 國際, 1990.
· 「『改善型まちづくり事業』による地區環境整備計劃論」東京大學, 1993.
· 「우리 마을 들여다보기」 공저, 한국도시연구소, 1997.
· 「안양지역 발전론」 공저, 한국지방자치연구원, 1998.
· 「都市創造」張俊鎬 譯, 泰林文化社, 1999.
· 「都市基本計劃 및 地區環境整備」, 張俊鎬 譯, 螢雪出版社, 2000.
· 「中國의 都市計劃 -滿洲의 都市論-」, 張俊鎬 編繹, 泰林文化社, 2000.
· 「최신 도시계획 관련법규」 공저, 도서출판 누리에, 2000.
· 「도시공학개론」 장준호 편역, 형설출판사, 2000.
· 「커뮤니티를 위한 도시계획 및 설계」 장준호 편역, 보성각, 2002.
· 「도쿄 도시계획 담론」 장준호 편역, 구미서관, 2006.
· 「마을만들기 실천」 다무라 아키라 지음, 장준호 · 김선직 역, 형설출판사, 2008.
· 「마을만들기와 도시경관」 다무라 아키라 지음, 장준호 · 김선직 역, 형설출판사, 2008.
· 「마을만들기 개론」 장준호 · 김선직 편역, 형설출판사, 2010.
· 「도시계획 이론」 다카미자와 미노루 외 편저, 장준호 · 김선직 편역, 구미서관, 2013.
· 「삶이 있기에 마을이다! – 도쿄 다이시도 주민이 참가한 도시재생과 마을만들기–」 장준호 · 남지현 역, 구미서관, 2018.

소 명 식
(蘇明植)

· 중앙대 건축미학과 졸업 (건축계획 및 설계)
· 일본 큐슈 국립대학교 대학원졸업 (전공: 도시공생디자인)
· 아주대학교 경영대학원 최고경영자과정 수료
· 안양대학교 대학원 박사과정 수료 (전공: 도시정보공학)

· 대한민국 건축사 면허취득 (건교부 제 6156호)
· 대림대학 건축과 겸임교수 역임

· (현) 새안양신협 이사장
· (현) ㈜에너지환경기술원 기술원장
· (현) 신세대포럼종합건축사사무소
건축디자인파트너

지역활동 경력

· 안양시 재정심의위원/ ART CITY 건축 자문위원 역임
· 안양시의회 도시건설위 자문위원 역임
· 시민신문 도시건축컬럼 집필위원 역임
· 안양YMCA 도시공생연구소 공생 소장 역임
· (현) 대한건축사협회 회원
· (현) 안양YMCA 이사
· (현) 사단법인 사랑의 집수리 이사

고령자를 위한 도시재생과 마을만들기 정가 13,000원

편저 : 고령자와 마을만들기 연구회
역자 : 장준호 · 소명식

발행인 : 임해진
발행처 : 도서출판 구미서관

인쇄 : 2018년 12월 4일
발행 : 2018년 12월 10일

등록 : 1979년 6월 29일 No.9-6호

주소 : 서울시 마포구 신촌로 2길 5-15
전화 : 02-333-1101
팩스 : 02-335-2201

ISBN 979-11-6257-044-9 (94530)
979-11-6257-043-2 (94530) (전4권)